援教育サポートBOOKS

中！大盛り上がりの指導術

読み書きが苦手な子もイキイキ 唱えて覚える漢字指導法

道村 静江 著

明治図書

まえがき

　私には今、とっても伝えたいことがあります。「漢字は書いて覚えるものだ」と思い込み、苦行のように子どもたちに漢字を書かせる多くの教師や大人たちに言いたい！

　子どもたちは漢字学習が大嫌いになっています。書いて覚えられる子はほんの一握り。一方で、読み書きが極端に苦手な様々な特徴をもつ子どもたちが苦しんでいます。学校教育のどこかでつまずいて学習をあきらめぎみの子たちも悩んでいます。それを「努力が足りないからだ」と叱咤激励して無理やりやらせているだけでいいのでしょうか。

　日本人として学ぶことの第一歩は漢字の読み書き。避けては通れない学習課題です。そこで「漢字はおもしろい。簡単に覚えられるよ。あきらめないで！　嫌いにならないで！」と伝えることの重要性と指導法を、固い頭を柔らかくして、自分がやってきた方法にとらわれずに、知ろうとしてください。

　漢字学習から知的好奇心を大いに刺激して〝学ぶ楽しさ〟を知ることができます。読み書きに自信がもてたら、様々な所で受信・発信ができるのです。そして、興味・関心が広がります。それは一人一人の努力に任せるだけでなく、友達と一緒に楽しんで、助け合い学び合って、達成できるのです。そのことを学校教育の中で気づかせてあげてください。漢字嫌いな子たちを、学習をあきらめぎみの子たちを、漢字学習で復活させてください。

私は教師でした。長い間盲学校に勤めていて、そこでは通常の指導法にとらわれない個々に合った学び方が必要でした。その中で盲児への漢字指導に挑戦し、15年の歳月をかけて徹底的に漢字のしくみを調べ上げ、中学校までの漢字教材を完成させました。その結果、漢字学習の最も弱者である視覚障害者がわかりやすく学べるようになったのです。

その後小学校に転勤となり、漢字学習を嫌がって逃げ回る子、どんなに努力しても覚えられない子など、漢字の読み書きにつまずいている多くの子たちに出会いました。そこで「小学校6年間を見通した指導法、義務教育9年間をつなげる学習法」で友達と一緒に楽しく学んだ結果、多くの子たちが「学ぶ楽しさ・知る喜び」に目を輝かせました。

退職後、この学習法と経験を先生たちに伝えたいと各地を回っています。しかし、伝える機会や伝えられる内容は限られています。この本を出版することにより、新しい漢字学習法をさらに広く知ってもらうことが可能になります。「目からウロコの学習法だ！　これだったら漢字を楽しく学べそうだ！　漢字大好きな子どもを育てられそうだ！　もっと知りたい！」と漢字学習法の転換を図っていただけることを願っています。

もくじ

第2章　読み書きが苦手な子どもへの漢字指導の手立て

第3章

全員参加！全員熱中！大盛り上がりの漢字指導の「しかけ」

第4章 「書く」指導のために知っておきたい漢字のしくみ

第5章 「読む」指導のために知っておきたい漢字のしくみ

第6章 読み書きが苦手な子どもへの指導ポイント

第7章 「混乱・迷い」を正す覚え方の具体例

第1章

本当に今までの漢字指導法でいいの？

“学ぶこと”は本来楽しいものです。「わかった喜び・できた自信」を感じたならば、さらなる知的好奇心が生まれ、自ら学びたいと意欲が湧きます。そんな子どもに育てるのが学校教育の本来の目的ではないでしょうか。その学びの土台となるのが読み書きの習得です。

学校や家で何の疑問ももたれずに行われている、ひたすら書かせる漢字学習。それは漢字嫌いやつまずく子を生み出しているようなものです。どうかこのことに気づいてください。

漢字は書いて覚えるもの？

昔から「漢字は書いて覚えるもの」「繰り返し書くことで手が覚える」というのが定番です。そして、現代の学校でも漢字練習帳や漢字ドリルを使ってひたすら書かせる指導法が営々と続けられています。誰もそれに疑問を感じたり、異議を唱えることはありません。漢字は書いて覚えるのが当たり前だと、日本人なら誰もが思っていることでしょう。

しかし、本当にこの指導法が適しているのでしょうか？ 子どもたちはその学習法を喜んで受け入れているでしょうか？ 子どもたちの意欲や関心との間に大きな差があるのではないでしょうか。

漢字を書かせる宿題を出すと仕方なしにやってきますが、ほとんどの子が面倒くさいなあと思っています。実際に漢字ドリルを進められない子、宿題を出すと「え～っ」といやそうな顔をする子、とにかく「漢字は嫌い！面倒くさい！」と言ってはばからない子が多すぎます。中には「漢字は好きだよ、漢字得意だよ。」と言ってまじめに取り組む子もいますが、それはコツコツと地道な作業が好きな子か、その作業に耐えられる子、あるいは、その作業の中に自分なりの応用力を効かせられる一握りの子たちです。多くの子は漢字を書かせる宿題を通して漢字嫌いになっています。そんな漢字嫌いな子は、当然のように学習全般に対して意欲的ではなく、学習が進まず、低学力である場合が多いです。

学校では基礎基本を培い、学力の向上をめざしています。それはいつの時代も同じですが、近年とみにグローバル化に対応できる人材育成に向けて、次々とレベルアップした指導要領が出されています。それに伴い「思考力・判断力・表現力・問題解決力・社会企画力」などのスローガンを掲げて、先生たちは研究し、子どもたちに働きかけています。しかし、その基礎基本となる漢字力向上への手立ては旧態依然としたままです。学力の低い漢字が苦手な子たちは、めざす教育活動についていけないのです。

その子たちを前にして、ひたすら書かせて覚えさせる従来の漢字学習法でよいのでしょうか？もっと効率的な学習法があるのではありませんか？単純で機械的な覚え方とは異なる**漢字のおもしろさや奥深さの本質に迫る学習法**があるのではありませんか？

先生の自己満足なのでは？

小学校でよく見られるのは次のような漢字の学習風景です。

教室には点線で十文字が入った漢字専用の小さな黒板があります。先生はその黒板を持ち出し、何本もの色チョークを使って書き順通りに色を変え、ていねいに一字を書いていきます。書いている時間は意外と長く感じられます。その間子どもたちは先生の書き順や形などを注視していません。先生だけがていねいに仕上げることに必死になっています。

次に、書き順やとめ・はらい・はねなどに気をつけるような説明があります。その後は、「みんなで空書きをしましょう」と指を差し出して、空中に大きく書いていきます。「い～ち、に～、さ～ん……」と画数を唱えながら。その時の子どもたちの様子はどうでしょう。今この場で覚えようと真剣になっている様子はあるでしょうか。友達と目を合わせてふざけたり、他のことを考えていたり、なんとなく手を動かしたりと、とてもいい加減な様子です。それは学習に乗り気ではない子ほど顕著です。しかし、先生は個々の細かい様子は気に留めず、クラス全体が手を動かしていればよしとしているようです。

それで新出漢字の学習は一応おしまいです。時にはこの漢字を使った熟語を数個提示することもありますが、「まずはこの一字が書けるように」と宿題に出します。高学年になると時間をかけて一字ずつの指導ができないのが現実です。宿題に出しておしまいという場合が多いです。

多くの先生たちが、このような漢字指導を行っているのではありませんか？　子どもたちの興味・関心を引き出さずに、一方的に教え込んでいるのではないですか？　子どもたちは楽しそうに学習していませんよね。好奇心で目をきらきらさせながら漢字学習に取り組んでいませんよね。このような漢字指導が全国で何の疑問ももたれずに行われています。

これは、「私はこの漢字を教えましたよ！」という実績を作っているだけで、先生たちの自己満足に終わっていないでしょうか。毎日必ず行う漢字学習でこそ、**子どもたちが自主的な学びを実感できるように、先生たちが力を注ぐ**ことが理想的な学習のあり方だと思いませんか。

宿題はどうやっているのかな?

子どもたちが提出した宿題の様子から、前項のような漢字導入の授業は効果を発揮していないことが読み取れます。

宿題で主に利用するのは漢字ドリルです。実は漢字ドリルには多くの情報が載っていますが、子どもたちはそんなことに関心を向けてくれません。宿題となったマスに漢字を埋めて提出すればよいと考えています。

漢字ドリルには、薄墨で書き順が示され、順になぞって書けるようになっています。しかし、子どもたちは教室でやったばかりの先生の小黒板の字、空書きの手順などを思い出しているでしょうか。たった5マス程度の空白を埋めるために、書き順は? とめ・はね・はらいは? なんて注意深く考えてもくれません。ややもすると上から順番に一部分だけ書いていく。「くさかんむり、くさかんむり、くさかんむり……。さんずい、さんずい、さんずい……。ク、ク、ク……。（「落」を書こうとしています）」と、漢字一字を書いて覚えるというよりも、とにかく穴を埋めればよいだろうと思っているかのようです。

たくさんの宿題を見ていると、こんなふうにやったなあというのはすぐに見当がつきます。中には上二つぐらいまで合っているけど、三つ目ぐらいから微妙に間違え、最後は違う字になっているという宿題もあります。「集中力が続かない子だなあ……テレビ見ながらやったでしょ！」と日頃のその子の学習の様子が浮かぶのです。

先生はその宿題チェックを時間のない中で必死にやりながら、細かな間違いに気づくのですから、プロの目はすごいものです。とめ・はね・はらいや線の長さや交わり具合など、「説明したじゃない、聞いてなかったの？　もっとていねいに書かなくちゃ！　ここに気をつけなさい！」と、あれこれ思いながら赤ペンを入れていきます。

ところが返された本人は、先生ほどに注意深く見たり直そうとする意識をもっていません。書き直しの宿題を出すことによって、やっと気づいてくれる場合はありますが、またしても同じような間違いをする子が多いのが実情です。まるで**いたちごっこをしているようで、こんな指導方法で効果が上がるのか**と、とても疑問に思います。

子どもたちの迷いを見つめましょう

先生たちは忙しい中でこまめに宿題をチェックしています。確認テストの丸付けをしながら一人一人の顔を思い浮かべ、「そうか、わかったような顔をして聞いていたけど、今いち納得していなかったんだな。」「ほら、手遊びしているから、友達と話しているから、わからなかったんでしょ。」などと、理解度と授業態度を見比べながら話しかけているものです。愛情は感じますが、**書かれた字体を見ているだけでは、どんな勘違いをしているのか、どこでつまずいているのか、わからないことがいっぱい。**そして、とめ・はね・はらいなどの細かいところが気になり、導入の説明で強調したことが子どもたちに伝わっていないことを多くの先生たちは残念に思っているはずです。

しかし、漢字の覚え方そのものに混乱している子どもたちに細かいことを言ってみても、漢字一字の完成形を押しつけても、どうしようもないのに……と思います。

漢字の実力は主にテストの点数だけで測られる傾向にありますが、実は、書いている時の様子を観察するともっとよくわかることがあります。

まず、何度も手本を見てやっと一字を完成させている子。「たて、たて、よこ、よこ……。」と線構成で認識しようと必死になっている子。そのような子たちは何回書いて練習しても書けるようにはならないでしょう。その場で書けたとしても、漢字テストまでは覚えていられたとしても、そのうちに混乱して書けなくなってしまいます。

「え～と、え～と、これ書いて、次は何だったかなあ……。」と、一字の形を思い出すのに時間がかかる子は、頑張るのは漢字テストの時だけで、日常や作文で書く文章に漢字を使おうとしません。時間のかかる漢字より、ひらがなで書く方が楽なのです。

漢字の部分や組み合わせをはっきり思い出せずに、何度も試し書きをしている子がいます。書いてみて、「あれ？　なんか違うぞ。これかなあ……、いやこっちかなあ……、こっちかも。」と漢字をぼんやりと認識している子たちも積極的に漢字を使おうとしません。

この**つまずきや迷いは何が原因だろうかと向き合ってみること**が必要だと思います。単純に書く練習が少ないからだと宿題をたくさん出せば解消されるでしょうか。

従来の書かせる学習法からの転換

学校では、書き順通りにとめ・はね・はらいに気をつけて、形良く書くことに重点が置かれすぎています。たしかに学校教育では正しい文字の形を教える必要があり、正しい漢字を書かせることで習得させようとしています。しかし、不器用な子、苦手な子、嫌いな子にはそのアドバイスが届きません。また、手本を見ながら書き順を追って書かせる作業の中では、漢字を「たて、たて、よこ、ななめ……。」などと線構成で認識しようとしています。すると、よく似た構成のものばかりで混乱するのは当然で覚えられるものではありません。漢字が得意だという子は、そんな作業の中でもすでに習ったあれだ！と思い当たり、自然に組み合わせでとらえているから混乱なく覚えられるのでしょう。しかし、イヤイヤやらされていたらやる気も興味も湧きません。そんな子が実に多いと感じます。

漢字は意味ある部分の構成で作られています。その部分（部首やつくりなど）が使われている漢字をどんどん関連づけて、**芋づる式につながるおもしろさ**があります。また、**成り立ちや組み合わせから漢字がもつ意味がわかる楽しさ**もあります。

漢字辞典には、部首などの意味や成り立ちなど実に多くの情報が載っています。しかし、それらに興味をもたせようとする姿勢が先生たちにはありません。新出漢字一字を正確にたくさん書かせることに必死になるばかりです。そういう書き取り練習を昔からみんながやってきた定番の学習法だと思っているから仕方のないことかもしれません。

しかし、毎年必ずやらなければならない漢字学習、義務教育の９年間も必死でやらなければならない漢字学習、一生の読み書きを左右する漢字学習が、そんなつまらないものでよいのでしょうか。**「漢字はおもしろい！」と感じること、それに「漢字は簡単だ！」が付け加わったら、必ず習得しなければならない漢字は、「やらされる」ものではなく、「自ら学ぶ」ものに変わっていきます。**

従来の書かせる漢字学習法を見直してみてください。子どもたちが楽しんで自ら学べるようになる学習法がよいに決まっています。そして、それを実現させる方法があるのです。先生たちの頭を切り換えてそれを知ってください。

読みの指導をしていますか？

学校ではとにかく漢字を書かせて、「書き」ばかりを重視している傾向にあります。しかし、漢字は書けるよりも、まず読めることが大切です。これからの時代、「書き」は直筆の必要性が極端に減り、数字と住所と名前さえ書ければなんとかなると思いませんか？ カナ入力から変換して「選択」できればよい時代へと変わりつつあります。しかし、絶対的に**漢字は読めなくてはいけません。**

このことを意識した指導を学校ではやっているでしょうか。多くの人が「漢字は読めるけど、書くのに苦労する」という感覚に基づいて指導がなされているように思います。しかし、少数かもしれませんが、**読みに苦労している子がいる**のです。

そういう子たちにはどんな特徴があるのか、何を改善すればよいのかを考えたことがありますか？　調べようとしたことがありますか？　一人一人にちょっと向き合うだけで、その子が何に困っているかを知ることができます。

ある時、おとなしい4年生に出会いました。その子はあまり言葉をはっきりとしゃべりません。受け答えに反応する程度です。しかし、それは授業中の話で、休み時間になると元気な声を出して友達と遊んでいます。なぜ授業中になるとはっきりしゃべらないのだろうと不思議でした。個別に指導する機会を設けて国語の教科書を読ませたところ、音読み熟語のほとんどが読めないのです。1・2年の漢字もです。訓読みはそれなりに読めるようですが、音読みでは全く読めませんでした。だから、この子は黙読で漢字を追い、知っている訓読みから意味を理解するか推測するかしていて、声に出して読むことを封印していたのです。漢字を読めない自信のなさから、学習意欲も湧かず、教科書を見る気にもならず、消極的な授業態度になっていったのです。

漢字が読めること、それは教科書単元を読めればいいというだけのものではありません。そこで**習った読み方をそれ以後の漢字や熟語に使えないと意味がない**のです。そして、それが難しい子が少なからずいます。特に、音読みをマスターすることがカギとなるのですが、漢字の音読み指導に意識が向いていないと思います。

授業で読みの実力がわかりますか？

教室では「マル読み」という読み方が定番。子どもたち全員を万遍なく朗読させるために、句点で区切られた一つの文章を席の順に次々と読ませていくやり方です。しかし、よく観察するとその時の様子がおかしいのです。

漢字が苦手な子は、回ってくる順番を数えて自分がどの文章を読むかの目安をつけ、先回りしてその文だけを読めるようにします。その文章が短ければよいですが、長い文になるとますます緊張が高まり、そのコソコソ感、ドキドキした顔といったらありません。思わず気になる子の態度を観察してしまいます。順番がやってきました。やはりドキドキしているようです。しかも漢字がいっぱい入っている文章です。読めなくてもじもじしていると、隣の優しい女の子が小さな声で助け船を出してくれます。そして、目よりも耳を頼りにその場をしのぎます。ところが、からかわれやすい子だと、わざと間違った読み方を教える子がいます。それを信じてその通りに言うと、教室にどっと笑いが起こります。その子は真っ赤な顔をして、ますます萎縮してしまいます。そんなからかいをするのはだいたいが男子で、いわゆる小さないじめです。そんな場面に出くわすと、「そんなウソを言ってからかうのは誰だ！」と声の主を見つけて叱ります。それからは国語の時間ではなくて、お説教の時間になることもしばしばです……まったく～！

こんな読ませ方に何の意味があるのか？ 作品の流れや内容なんて読み取れるものではありません。私は方針を変えました。読みたい子に挙手をさせます。私は内容のまとまりで区切り、「ハイ」と終了の合図を出します。どこまで読むのか予想させないためでもあります。これでその子の読みの実力がわかります。「次は誰？」手を挙げた子を次々と指していきます。「まだの子は誰？ 全員読むんだからね。」苦手な子は仕方なしに、意を決したかのように手を挙げます。「よしよし、頑張れ！」と内心思います。もちろん読めない箇所が出てきます。意地悪しそうな子に「いいか、今度ふざけたことをやったらどうなるか……。」と目力で制止しながら、その子の読みを待ったり助けたりします。その子の苦手さをある程度把握したら、短い時間で切り上げるのも負担を軽減する配慮です。

宿題の定番「音読カード」で読む力が付きますか？

読みの宿題は、家で何回読んできたかを記録する「音読カード」が全国的に定番です。

かつて私も我が子にさんざん付き合わされました。家事の合間に聞き流すことがほとんどで、内容の新鮮さもなく、読み方の工夫もなく、何回読んだかの回数記入だけが課題でした。そのうち、子どもは教科書を見ないで暗唱することに意欲を燃やし始めました。単調な作業の中に自分なりの目標や楽しさを見出して取り組んだことは評価できます。

小学校へ転勤してから、私もこの定番の宿題を出してみました。高学年を担任した時は、それをまじめにやってくる子は少なく、いい加減にすませる子がほとんど。しかし、どれだけ注意しても無駄でした。そもそも読みが苦手な子はそんな宿題に手を出そうとしません。何回練習してもたどたどしく、うまくならない自分をとっくに知っているのです。

私は、この音読カードは何の意味があるのだろう？と疑問が湧きました。10回・20回と同じ文章を読み続ければ、やがて暗記の領域に入ります。「文章を読む」とはこういうことだろうか？ どんなにまじめにその宿題をやっても、初見の文章をすらすら読める子とたどたどしい子との差はいつまでも縮まりません。「文章が読める」ようになるための練習はこれじゃない！と思いました。

とはいえ、教科書の単元を進めるためにはある程度そんな練習が必要なことはわかっています。せいぜい5回ぐらいまでです。**初見で文字を拾い、どう読むのかを模索し、2回目・3回目あたりで、読み進める技能を磨く**……これには意義があります。この段階で読み慣れるという技能を身に付けるのは必要なことです。

しかし、**読みが苦手な子にはもっと根本的な原因がある**ように思いました。**それを探り改善策を講じなければ、いつまでも苦手さを解消できず、やがては文章を読まなくなり、読書の世界から離れていく。**そんな子がクラスには何人もいるのです。

そのような子たちに「音読練習をすれば読めるようになる！」「音読カードの宿題をいっぱいやりなさい！」と強要してもダメなのだと思います。しかし、こうした姿勢の先生は多いはずです。読みの苦手さの原因を知り、指導法の転換を図りましょう。

第2章

読み書きが苦手な子どもへの漢字指導の手立て

10年前に登場した「特別支援教育」という言葉が近年やっと定着し始めました。しかし、苦手さ・困難さを伴う子たちを見取るのは、特別支援学級担任や特別支援コーディネーターだという意識は未だにあります。また、通常の学級にも対象となる子どもが多くいます。だからこそ「特別支援教育」の考え方・見方を通常の学級担任にもってほしい。この視点はこれからの学級経営にますます求められ、重要なポイントになってくるでしょう。

クラスにいる苦手さのある子への目線

小学校の特別支援学級に在籍する子たちの様子は、集団行動や友達関係がうまく保てないけれど、個別学習の中でなら落ち着いて学習できるという子、あるいは何らかの原因で学習が遅れぎみのため、ていねいに見てほしいと在籍を希望してくる子などが学んでいる場合が多いです。

しかし、通常の学級にも漢字が苦手で書けない、使おうとしない子が多いのを感じていませんか? 高学年ともなると理屈っぽい立派なことをしゃべるのに、作文を書かせると2年生の漢字すらまともに使わず、ひらがなばかりの文章。しかもミミズが這ったような読みにくい字。内容はそれなりのことを書いているのに、なんてもったいないと思う子がいませんか? また、行動面や友達関係、学習の理解もよいはずなのに、読み書きだけが極端に弱い。ややもすると算数の計算が弱い、文章問題が弱いなど、算数にも苦手意識をもっていないでしょうか。他にも、落ち着きがなく常にうるさくしゃべっていて、学習場面に合わせて行動できない子、ある特定の場面でこだわりが強く、「自分はやらない！」と拒否感を前面に出してしまう子などなど……。

近年は様々な問題行動や学習の遅れなどに対応して教育相談等を受けられるシステムが確立しています。そこで、「発達障害」や「読み書き障害」などに対して、その傾向がある、その疑いも否定できないなども含めた判定を受ける場合があります。「自閉スペクトラム症」「広汎性発達障害」「アスペルガー」「ADHD」「LD」「ディスレクシア」などの用語が飛び交い、どんな特徴があってどう対処したらいいのか、わからないことだらけです。そういう特別支援教育の研修会は全国各地で数多く開催されていますが、情報が多すぎて、**担当する子に適した学習法の見極めが難しく、指導に困り感を覚えてしまう先生たちも多い**と思います。

その子たちは一見すると学習にやる気がなく、あきらめているように見えるかもしれません。授業妨害や問題行動に発展してしまうことだってあるでしょう。しかし、一つだけ確実なことがあります。**彼らも「できるようになりたい！」と思っている**のです。

苦手なのには理由がある

前述の「発達障害」「読み書き障害」などの特徴をもつ子どもたちは、次のような原因を抱えている場合が多いようです。「音と文字の結びつきが弱い・文字の形を思い出すのが苦手・数の抽象概念が理解できない・一時的な記憶システムがうまく働かない・手先がかなり不器用・情報の処理速度が極端に遅い・眼球運動がスムーズにいかない」など。

これらは学術的・医学的に研究されて発表されたものです。しかし、漢字に対する苦手意識をもたない子ども時代を過ごした先生たちにすれば、なかなか理解できないことです。その苦手さの観点から解決策をと言われても何をどうしてよいのかわからない。そうなると、ちょっとのアドバイスやサポートはするものの、やはり〝漢字は書いて覚えるしかない〟と書かせてしまう先生も多いと思います。

しかし、そんな特徴をもつ子どもたちをよく観察してみてください。

この子たちはズルをしようとしていますか？ 違いますよね。むしろまじめな子が多いと思いませんか？ 例えば、手本の通りに書きたいと頑張ります。しかし、手の不器用さから字のバランスが悪くなり、手本のようにうまく書けていない。それが我慢できずにかんしゃくを起こし、「もう書かない！」と開き直ってしまう。線の本数や長さがうまくとらえられず、こんな感じかなとイメージでとらえてしまう。書き順を教えてもらったはずだけれど、目についたところから書き始めてしまう。まるで絵を描いているように書いてしまう。また、漢字を何回書いても覚えられず、記憶力が弱いのでは？と思う子が、アニメ情報をすらすら言えたり、好きな対象の細かい情報をつぶさに覚えていることがあります。そうした子は記憶力が悪いというより、漢字に興味がないだけではありませんか。もし、漢字に興味・関心を示し、パズルやゲームをするように漢字にハマったら、誰もが驚くような漢字博士になるかもしれません。

彼らには通常の学習方法が通用しないのかもしれない。漢字を書いて覚えるという定番のやり方を押しつけるだけではダメかもしれない。個々に合わせたアプローチをすれば、彼らが抱える苦しみはなくなるかもしれない。そんな気づきをしたことはありませんか？

子どもをとことん観察しよう

担当する子の障害名を知ったり、こういう傾向があるからこの障害種別が当てはまるのではないかと予想して情報を集め、その対応方針を研修会で学んだとしても、ほとんどの先生は「では、具体的にどうすればいいのか」と悩むのではないでしょうか。

近年やっと障害の原因がわかり始めましたが、それぞれの障害に合わせた指導法はまだまだ確立されていません。ましてや、研修会などで得られる情報はあくまでも総括的なことや考え方であって、目の前の子どもたちに対応しているわけではないのです。

だったら先生たちはどうすればよいのか？　**担当する一人一人の状況をつぶさに観察し、その特徴を知り、つまずきの原因を探り、そのできなさの道のりや思考回路に寄り添って、何とかならないかと必死に考えてあげる**ことが必要だと思います。おそらくそこからしか具体的な解決策は見えてこないと思うのです。

彼らは個性的な特徴ゆえに、通常のやり方についていけず、努力できない、勉強が苦手、となったわけです。まず先生たちは、**通常では推し測ることが難しい苦手さを抱えた子どもがいるのだと強く思い知る**ことです。彼らの視覚的なとらえ方、認知の仕方や不器用さなどは、結局のところ先生たちにも真の部分で理解してあげられません。この子たちは生まれた時から通常とは違う感覚で認識してきました。まずは、その違いをしっかりと意識することが大切です。

そして、彼らに合うやり方があるのではないだろうかと考えることです。教科書に載っている方法や、理解力があった先生自身の過去の経験と似たやり方だったり、固定観念（定番のやり方）を押しつけたりするのではなく、彼らに合うもっとよい方法はないかと、頭を柔らかくして必死に考えてあげることです。この姿勢をもつことが、寄り添うことであり、「支援する・サポートする」という本来のあり方につながっていくと思うのです。

教師の理解の範囲外に苦手さは存在する

なぜ私がこのように思うようになったかというと、それは、私が長く盲学校に勤めていたからです。盲学校には全盲の子たちがいます。視覚を使えない世界がどういうものか私には想像もつきません。私の今までの経験や晴眼者（目が見える者）対応の教科書に沿って教えられないのです。そのため、見えない世界で彼らは何を頼りに確認していけばよいのか？触覚を頼りに得た情報をどのように積み上げていけばイメージできるのか？などを知る必要がありました。そのためには彼らが物事を理解する様子を観察し、彼らの思考回路を知ることから始めなければなりません。彼らの視覚に頼らない方法や考え方を自分なりに理解して、これだったらわかってもらえるかもしれないと試行錯誤しながら、徐々にその方法を獲得していったのだと思えるからです。

また、盲学校にはめがねなどを使っても視力を矯正できない弱視の子たちもいます。彼らは見えている、ものが認識できるとはいっても、私たち晴眼者とはどこか認識の違いがあったり、正確に把握することが難しかったりで、苦労しているのです。もし彼らがぼんやり見えていたり、ゆがんで見えていたりしたとしても、彼らにとってはそれが間違いだとか不確かだとはわかりません。彼らは生まれた時から、あるいは長い間その状態でものを認識しているのだから、それが当たり前になっているのです。

そういう子たちと接していると、自分のもののとらえ方や認識の仕方からいったん離れて、彼らの認識の仕方や思考回路を知ることから始める必要があります。そして、彼ら自身もそれらをうまく説明できないのです。ですから、**彼らの言動をじっくり観察し、一体どこで違ってくるのか、どこまでわかっていて、何がわからないのかなどを、彼らの思考回路に沿って探ってあげる**ことが重要なポイントでした。

その次のステップとして、どんな説明をすれば理解できるのか、どのように彼らの思考回路に積み上げていったらよいのかなどの方法を模索していきました。みんながやっている方法だからとか、教科書に載っている方法だからとかいって押しつけるわけにはいかなかったのです。

不得手さを補うには指導の工夫が必要

彼らがもつ障害の特徴は一人一人違っていますが、大まかに分けると似通っているものがあります。

「ワーキングメモリー（記憶力）が弱い」と思っても、興味があることや楽しめることは記憶できる場合が多くあります。体や動きを使う、具体物を使う、ストーリーを作るなどしてインプットを強くする工夫が足りないのです。ひたすら書かせる単純作業では楽しめません。また、漢字をすでに知っている部品に分けることで情報量の負担を減らせます。書くよりも口で言う方が短時間に何度も繰り返せるので、記憶に定着させられる可能性があります。

「空間認知が弱い」というのは、線の場所や方向、長さなどの配置がごちゃごちゃして見えているのだと思います。画数の多い漢字一つ一つが混乱するのに、それがいっぱいあれば嫌になるし覚えられるものではありません。漢字を構成する画数の少ない部品だけを頑張って覚えてそれを組み合わせれば、一字に注目する負担を減らすことができます。

「手先が不器用な子」は線のコントロールが難しいのです。手に力が入りすぎて力の抜き方がわからないという場合も多いようです。形が整っていなくても、認識できていれば良しとするおおらかな指導も必要です。きれいな字を目指して何度も書くという負担から解放させてあげましょう。

「目の使い方が上手でない子」は、書き写すために手本をよく見ようとすることで疲れてしまいます。書くことより口で言って形を思い浮かべることを優先すれば楽になります。

「視覚よりも音声言語や聴覚情報が得意な子」も多いです。漢字を言葉にして説明できれば覚えやすいという感覚をもてれば、避けていた漢字学習に意欲的になれます。

「自閉傾向の子」は、パターン化した学習や同じ考え方の繰り返しを好むようです。視覚優位で図形的に物事をとらえることが得意な子は、組み合わせパズルのような覚え方に興味をもつはずです。「部品の組み合わせ」というやり方に「なるほど！」という納得感を得たならば、とことんそのやり方で突き進むことができます。

合う方法を見つけたら、最低限の努力はさせるべき

発達障害をもつ子たちはこだわりが強いものです。自分のやり方をかたくなに守ろうとします。また、読み書き障害の子たちは、どうして自分は読み書きが極端に苦手なのかをわからずに、ひたすら努力を重ねている子が多いような気がします。

そんな子たち一人一人に何で困っていて、何を大事にすればよいかを見極めてあげることが必要です。「書かなくてもいいよ。口で言ってみてごらん。」と誘ってみても、そんな変わったやり方に抵抗を示すかもしれません。しかし、そうすれば簡単にわかる!と納得させるところまでもっていくことが必要です。彼らは他の子たちがやっている「書いて覚える」ということに合わなくて苦しんでいるのですから、「あなたにはこんな学習法が合っている」と自信をもって勧めることが必要だと思います。自分に合った方法は何かを探

すこと、**他の人と違うやり方でもいいんだという意識改革を促す**のです。

近年、発達障害や読み書き障害の研究が進み、多様な学習法が提案されています。その中のどれが合うのかは見つけにくいかもしれません。注意しなければならないのは、手当たり次第やってしまうことです。こだわりや拒否感が強い子たちは、何かを提示してもちょっとやってみただけで嫌だと放り投げてしまうかもしれません。こういう子たちには無理強いは禁物と言われています。それならばと手を変え品を変え、様々な方法を提示したくなりますが、それを繰り返してしまうと、継続的な効果が出にくいことがあります。わがままで拒否しているのか、その子に合っていないのかがわかりにくくなるのです。

だから、**個々の特徴をよく観察した上で、この方法が合っていると思ったら、そこにたどり着くまでの道のりをスモールステップで根気強く教え、「そうか、こうすれば覚えやすい!」と納得するまで取り組む**必要があります。その見極めは難しいと思いますが、**最低限の努力はさせるべき**です。個々の観察、指導法への理解と段階を追ったステップなど、事前準備を十分に行えば、自信をもって指導に当たれるようになると思います。そうすれば「自分のために真剣になって考えてくれている」という先生の気持ちや姿勢を受け取って、それに応えようとしてくれる子どもがきっといるはずです。

苦手さのある子に合わせた指導方針をもつ

■細かい形や書き順にこだわらない

不格好な字でもいい。とめ・はねなど気にしない。形がわかっているだけで良しとする。そんなゆるい方針で接してほしいです。線の長さ・バランス・書き順・とめ・はねなど、全てを完璧にすることはこの子たちには不向きです。線の過不足や突き出す・突き出さないなど、明らかな間違いや違う字に見えてしまうことを避ける注意だけで精いっぱいなのです。

■いずれＩＴ端末を活用して文字を処理するようになる

手書きの時代はほぼ終わったと言える世の中になりました。最低限の数字・住所・氏名が書ければ日常生活に支障はありません。漢字を選択し、読めれば使える機器が世の中にはあふれています。それらを上手に使って漢字に対する抵抗感を乗り越えていくでしょう。ですから、彼らには**漢字という文字生活を放り出さない気持ちを育てる**ことが大事です。

■漢字のおもしろさ・楽しさに気づかせてあげる

苦手とする「書き練習」は最低限でよい。漢字の成り立ちやその構成から意味を推測したり、一つの部品から漢字が芋づる式につながっていく楽しさを味わったり、漢字を使った言葉遊びで語彙を増やすなどすれば楽しく学べます。書かせることよりもやるべきことはいっぱいあるはずです。

■その子に合った学習法を提示して実行する勇気

個々がクリアできそうな課題を見通しをもって段階的に継続的に実施していく。それはもしかしたら教室の友達がやっている課題と違うかもしれません。しかし、個別の学習法が今必要なことであるし、そこから積み上げていかないと漢字を使えるようにはならないことを本人にも保護者にもしっかり伝え、協力と実行力で突き進みましょう。また、単年度で終わるものではなく、長い学習課題となる可能性があります。個別の学習法を一担任のその時の思いつきだけでやるのではなく、担当者間で十分な話し合いをして方針を決め、連携し合い、学年を超えた継続的な見守りとサポートが必要となってきます。

鉛筆を持たない、書かない指導がある

もう一つ、とても気になっていることがあります。

基礎学習というと、漢字でも計算でもプリントを何枚もやらせる。たしかにクラスの一斉学習ではその方法が一番楽だし、定番になっています。しかし、学習が苦手な子の様子を観察してみてください。

鉛筆を持って書く作業の中に、どれだけ無駄な作業が含まれているか、集中力の途切れるポイントがどれだけ多いかに気づいたことはありませんか? 書くことにより字の形やバランスに気持ちが分散されます。字の正確さも気になります。書いた字が気に入らなかったり不安があると消しゴムで消す作業が加わります。すると、紙の押さえ方や消え方、消しカスの存在も気になる。また、考えなくてはいけないところで、持っている鉛筆が気になり、持ち替えたり回してみたり、挙句の果ては手遊び状態になる。さらには、プリント一枚に書かれている問題量にぞっとする。目線は解いている問題に集中せず、ちらちら動く。そして、書き込んでしまった問題はもう使わない。悪循環です。

そんな子どもたちの様子を目にするたびに、**考える時に書くことは邪魔だ**と私は思ってしまいます。それを先生たちは、さも勉強させています！という状況を作り出しているとに自己満足していると感じるのです。

あの手遊びをやめさせたい。鉛筆や消しゴムによって途切れる集中力を何とか継続させたい。そう思った時に、私は口頭で問題を出してその子の顔を見ます。すると、その問題だけに集中し、その子の頭の中はフル回転しているのがわかります。私の目線にロックオンされて、余計な行動はありませんから、問題だけに集中できます。この方法は学習が苦手な子への個別指導に使えるのはもちろんのこと、工夫次第でクラス全体でも実施可能です。簡単な基礎的な繰り返し学習にも役立ちます。特に計算への効果は大きいです。記憶力・集中力が鍛えられ、細かいステップを踏んだ問いかけをしていくと、学習が弱い子でも考え方が誘導されて、答えに結びついていきます。すると、きらきらした真剣な目になるのです。

下学年に戻って復習する必要性

漢字群の中には次の三通りのパターンがあります。（第4章92頁参照）

①**基本漢字**＝分解すると線構成になってしまう。あるいは、漢字の部首となっている。その中には、その学年で学ぶ漢字と、上の学年で習うが、その学年で登場する漢字の部分として使われ、すでに書けるようになっている漢字があります。

②**初出部品**＝その学年で初めて登場する漢字の部首、または、部首ではないが漢字の部分を構成する要素としてよく使われる独自に取り出した部品。

③**「部品の組み合わせ」でできている漢字**

この漢字群のうち、①と②は漢字を構成する要素となるので、正確に書けなければなりません。またこれらは漢字に何度も登場する部品なので名称も覚えます。

今までさんざん書いてきた字なので、きっと書けるようになっているはずです。その名前を覚えて、すぐに思い出して書けるようにしておけばいいのです。3年生までにその多くが登場しますので、3年生までの基本漢字と部品を覚えます。これらは画数が少なく形も取りやすいので、書けないものだけを抜き出して書く練習をします。

対象児童が中学年なら、その学年の字から覚え直しましょう。高学年なら、3年生程度から復習することをお勧めします。なぜならば、1年生や2年生に遡るのはさすがにプライドが許さないだろうと考えられるからです。3年生の漢字の中には、1年生や2年生で使われる部品がたくさん登場するので、まず3年漢字に使われている部品を覚えます。その復習には2か月もかからないはずです。なぜならば、今までさんざん書いて練習してきた字なので、何度も書く必要がないからです。その名称だけを覚え、その組み合わせを正確に言えれば、構成が認識できて頭に思い浮かぶのです。

現学年を学ぶ時には一年間をかけて新出漢字200字程度を学習しますが、復習だけなら短い期間で終えられます。ある部品を覚えたら芋づる式に漢字を増やして、今まで習ってきた漢字をすっきり整理してあげましょう。「みんながやっているから平等です」と、その学年漢字をやらせることは無意味です。**漢字の基礎は何か**を考えてください。

家庭学習を別メニューにする時期があってよい

漢字が苦手な子どもたちは、毎日のように出される漢字の宿題にうんざりしています。しかし、宿題をしていかないと叱られます。提出が遅れると注意されます。だから、時間をかけて宿題をします。保護者も何回も書けば覚えられると思い込んで宿題をさせます。しかし、覚えられない。テストでいい点数を取れない。すぐに忘れてしまう。高学年になればなるほど、覚えられない漢字の宿題をやらせることの無意味さを先生たちも痛感しているはずです。本人も保護者も混乱し始めた学年を知っていて、そこの漢字から覚え直せばよいのだけれど、毎日出される宿題に時間を取られて、復習する意欲をなくしています。

そんな状況を放置して、何の対策も講じないまま、現学年を過ごすことの無意味さや残念さを先生と保護者はもっと考え直す必要があると思います。基礎を積み重ねるべき小学校では、当該学年だけの学習カリキュラムに追われる必要はありません。**つまずいている学年に遡って復習する勇気をもつべき**だと思うのです。

だから、**現学年の宿題やテストは一時休止して、つまずいている学年の漢字から覚え直しましょう。**つまり、数か月間は徹底して下学年に戻って復習するのです。ここで友達と違うことをやるのに抵抗を示す子がいるかもしれません。その場合は、今ここで戻って復習しなければ、これからの学習が困難で進まないことを、保護者にもよく説明し同意を得なければなりません。また、クラスの友達にも説明して理解を得る必要がありますが、あの子は読み書きが苦手だから学習全般が苦手なんだということはわかっているので、応援してくれると思います。学級担任制である小学校だからそのような英断が下せるのです。一方で復習はあくまで家庭学習が主です。先生はその復習のアドバイスをし、方法を伝え、日々チェックしてあげるぐらいは手をかけてあげてほしいものです。

このように復習していくと、いずれ現学年の漢字に戻れる時がやってきます。3年生までの部品を覚えたら、4年生以降はそれらの部品が組み合わさっている漢字がほとんどなので、部品つながりで現学年の漢字を登場させればいい。漢字をすっきり整理して覚えられるようになった子どもは漢字学習に対して意欲的になっているはずです。

「できた！」の自信が何より大事

漢字にとことん苦しんでいる子たち、あきらめぎみの子もいるし、泣きながら抵抗を示す子、「別に書けなくてもいいんじゃない、なんとかなるよ。」と開き直る子もいます。しかし、**心の奥底では書けるようになったらいいなあと思っているのは確実です。自分が取り組みやすい方法があれば、頑張ってみたいと思っています。**そんな子たちに「書かないで口で言って覚える方法があるよ。」と誘えば、ほとんどの子がのってきてくれます。

取り組み始めてしばらくすると、子どもたちはこんな言葉をつぶやき始めます。

「覚えやすくなった。口ですらすら言えるようになったら書けた！点数が上がってきた。やればできるんだね。漢字楽しくなってきた！」特に下学年に戻ってつまずいていたところから覚え直しをやった子たちは、こうすればよかったんだと納得の表情を浮かべます。

今までやらなかっただけという子は他の子に追いつく勢いですし、記憶力が弱い子は習得に時間はかかりますが、書ける字が確実に増えてくるのがうれしそうです。

すると、学校で単元ごとに行っている業者テストの点が徐々に上がってきました。

ある子は、今まで20点や30点程度の点しか取れませんでした。本文の問題はもちろんのこと、選択問題で番号を書き込む、並び替える、線で結ぶ、それらのことごとくをはずしてしまいます。よくもここまではずせるなあ、勘は働かないのか？と感心せざるを得ないはずし方でした。ところが、その子たちの点数が上がってきたのです。とうとう80点を取り、大騒ぎしていました。家に帰って親にほめられ、外食したとうれしそうでした。

急に点数が良くなった理由を聞くと、「今まで問題を読んでいなかった。」と言います。漢字が読めないことが原因でした。それが「最近は読んで答えているよ。」と自慢気です。テストに書かれている漢字は、現学年の新出漢字はほんの少しで、大部分が3年生までに習う日常的に使う漢字ばかり。それらの漢字を復習で制覇したからこそ読めるようになったのです。読めば、内容は授業でやったことばかり、何を聞かれているのかもわかります。選択問題も常識的な言葉の範囲なので、文さえ読めれば正解につなげられるのです。**取り組みやすい漢字学習が、彼らの大きな力と自信になった**ことは言うまでもありません。

第3章

全員参加！全員熱中！
大盛り上がりの
漢字指導の「しかけ」

全員が必ずやらなくてはならない漢字学習なら、個人レベルの学習にしておかずに、クラスみんなで盛り上がりましょう！合言葉は「助け合い・教え合い・学び合い」。

そこには教師の絶妙な“しかけ”が必要ですが、そのしかける工夫こそが教師の醍醐味です。漢字が得意な子も苦手な子もみんなが楽しんで取り組める「ユニバーサルデザインの学習法」はクラスが学習意欲でみなぎります。その雰囲気は、学級経営にも役立つでしょう。

４年生以降にがくんと落ちる漢字習得

1年生の漢字はほとんどの子が書けるはずです。ただし、「虫・足」の下側があやしく混乱している子がいます。「赤」の下の書き順、線の曲がりやはね、点の向きがかなりいい加減です。「人・入」で書き順や向きが難しい。「右・左」の書き順の定着は悪いです。

2年生は、画数も漢字数も1年生とは比べものにならないほど増えて難しくなります。しかし、子どもたちはまだ頑張って漢字学習に取り組んでいます。楽しいようで、「漢字は好き」と答える子どもが多いです。クラスの習得率は80％を確保しているでしょう。

3年生辺りから混乱し始めます。同じ部品を使った漢字が多くなり、似た字が増えるからです。しかし、まだ頑張っているようです。低学年というくくりの中で家庭の学習サポートがあることも関係しているでしょう。70％台をキープできれば上等なのですが、60％

台に落ちるクラスも出始めます。子どもたちの感じ方はどうでしょう。堂々と「漢字は苦手だ」と言う子が増えてきます。コツコツと漢字練習をするのに飽きてきた、嫌気がさしてきたなど学習にのれない子が増えてきます。

そして、4年生になるとその傾向はさらに顕著です。3・4年生は日常生活で使われる漢字群ですが、よく似た漢字が多すぎて混乱してくるのもわかります。習得率は4年生になるとがくんと落ち、50％台・60％台というクラスが増えてきます。

5年生になると習得率はさらに悪化します。50％台になるクラスが多いです。子どもたちも5年生になると急に漢字が難しくなったと感じているようです。5年生頃から専門的な漢字が出始めます。というより、ニュース報道や様々な状況を表現する字が増えてくるというのが当たっているでしょうか。使われ方に微妙な意味合いをもつ字も登場し始めます。それは小学校高学年の学習内容が急に難しくなるからです。6年生も同じ傾向にありますが、5年生で急にレベルアップした印象をもち、もう難しくて完全にダメだとあきらめる子どもたちが増えてきます。

そういう子たちが、中学校へ進んでまた多くの漢字習得に苦しむのです。中学校に漢字の時間などありません。ていねいに教えてくれるはずもなく、自学自習が基本なのです。

クラスみんなで「助け合い・教え合い・学び合い」

日本人ならば、漢字習得への努力は絶対に必要です。小学校へ入学してから、義務教育9年間は毎年新しい漢字を習いますが、その数はなんと2136字。社会人となった大人が使いこなすべき「常用漢字」なのです。

毎年、ほぼ毎日のように取り組む漢字学習を、楽しんで意欲的に取り組めたらどんなによいでしょう。そのための学習の仕方や指導法などを改めて見直してもらいたいです。

私は、**「漢字学習を個人のレベルにしておかない」というクラスの雰囲気づくり**が大切だと考えます。もちろん一人一人に読み書きの実力をつけることがねらいですが、個人で地道に努力しなければ達成できないというものではありません。クラスで、学校で、家庭で、兄弟で、地域で、みんなで楽しんで学習できるものなのです。だから、**クラスみんな**

で助け合い、教え合って、学び合いながら、学習を進めてほしいのです。

もう一つ、毎学年登場する新出漢字だけを必死になって覚えようとする姿があります。しかし、**今まで習った漢字を使えるようにすること、漢字を使った言葉をたくさん知ることが本来の漢字学習**ではないでしょうか。それは理想だけど、なかなかそこまではやりきれないと先生も子どもたちも思っているでしょう。漢字一字を覚えた後の個人がするべき努力だと思っていませんか。それではいけないのです。学校で取り組むべき漢字学習の一番のねらいはそこにあるのですから。

本来の漢字学習を行うためにどうしたらよいのかを考えてみてください。特に、通常のクラスの先生には最も取り組んでほしいことです。通常のクラスには様々なレベルの子がいます。個人レベルの学習にしておくと、漢字が苦手な子や低学力の子たちはいつまでもできるようになりません。その子たちに焦点を当てながら、クラスみんなで上昇する方法を考えるべきです。

まずは、私の実践を紹介します。そこからヒントを得て、指導する立場にある方、あるいは保護者の方は、**楽しんでやれる本来の漢字学習への手立てを考え、子どもたちをやる気にさせる工夫をしてください。**

教師も「発見・納得」がいっぱいの漢字学習を楽しもう

大人は、昔ひたすら書かされて覚えた苦労を懐かしみ、勉強はそうでなくてはいけないと思い込んでいることでしょう。しかし、急激なＩＴ環境の変化からＰＣやスマホに頼りきりの文章作成で、自筆で書くことに苦労していませんか？　ひたすら頑張って書いて覚えた漢字を思い出せない。そして書けなくなっている現実。漢字を楽しみ、漢字の見事さや奥深さなどに目を向けてこなかった今までの漢字教育にも起因していると思います。

大人になってからでも遅くありません。もう一度漢字のおもしろさを感じてください。漢字は意味ある部分の組み合わせで作られている。これは誰もが知っていて、きへん・くさかんむり・さんずい程度の意味はわかると思いますが、それ以上の細かい部分まではほとんど知らないでしょう。一つ一つの部品の意味を知って、それを組み合わせれば、

「こういう意味になるのか！　なるほど！」という発見があるはず。「漢字の成り立ち」を知ることはおもしろいです。しかし、そこまで関心が向いていないのが実情でしょう。

大人は多くの漢字を知っているので、あの字に使われていた部分だと思い出して書ける場合が多いです。しかし、子どもたちは一画ずつ書いていく作業を最初からやらされています。漢字学習が嫌いな子はその単純作業をイヤイヤやっていて、効率のよい方法を考えません。過去に書けるようになった部分を活用して組み合わせればよいことを教えてあげてほしいです。それを知れば、「なるほど、こうして覚えればいいのか！」と納得します。

漢字の読みも同様です。すでに読めるようになっている大人は「慣れだ！」と思いがちですが、初めて習う子たちは苦労しています。その覚え方にも工夫が必要です。私が推奨している漢字学習法でその方法を示しますので参考にしてください。

とにかく、自分が知っている従来の学習法ではなく、新たな視点で漢字を見つめてください。そこには**「そうだったのか！」という発見と、「なるほど！」という納得がいっぱいあります。**それを**大人自身が楽しんで**ください。その**楽しんでいる雰囲気が子どもたちにも伝わります。**その姿で子どもたちと一緒に学び直してみてください。**知った喜びや楽しさが共有され、そのうち「書ける！」という自信あふれる姿に変容していきます。**

教師のつぶやき指導法

先生は忙しい。漢字学習になんか手をかけていられない。授業中に漢字を取り上げる余裕なんかない。ましてや高学年になれば宿題に出して終わり、個人のノルマに任せて終わり。わかります。しかし、これでは子どもたちを漢字の奥深さやおもしろさに誘導できません。低学年では、国語の時間に余裕があり、漢字学習を組み込むことは必要です。高学年でも新出漢字を宿題に出す時に少しくらいは漢字の話をしてあげられるでしょう。できれば、すき間の時間にも漢字を取り上げてほしいです。

その時に何を語ればいいのか？　先生たちには詳しい漢字解説をする余裕も準備もないと思います。しかし、先生は漢字の基礎知識をもっています。その組み合わせ方もなんとなくわかっています。だったらこんなことをつぶやけるのではないですか？

「あれ、これはどこかに出てきたなあ。この部品が使われている漢字は他に何があったかな？」「この部首はどんな意味だった？」「この漢字はなぜこんな組み合わせだろう？」

こんなつぶやき発言があると、子どもたちは漢字に興味をもち、調べてきてくれます。調べたことを意気揚々と発表してくれます。そうしたら、その子の意欲をほめ、その内容を「なるほど！」と感心します。そして、みんなと共有します。すると、次から次へと調べてくる子が増えます。たくさん集まると、「なんか形にして残したいよね。」と掲示物作成や新聞活動に発展させることもできます。こんな**学びのパターンが出来上がったクラスは、漢字以外にも調べる分野が増え、自主的な学び学習ができます。**これがいわゆる〝アクティブ・ラーニング〟ではないでしょうか。

この活動のポイントは、**先生が自らの言葉と態度で「不思議さ・おもしろさ・感心すること・なるほどと納得すること・素朴な疑問」などを表現する**ことです。先生にこうした姿勢があると子どもたちにも伝染します。そういう頭で、視点で、学習していることを見つめ直します。教科書に書いてある通りの道筋で進めることや、指導書に書いてあるような活動につなげるだけでは能がない。勢いが出ません。その一番手っ取り早い方法が漢字学習にあり、すき間の時間を使って継続的に取り組めて、その態度を養えます。

漢字を個人の学習にしない、みんなで盛り上がろう

先生自身が興味をもち、子どもたちに意識づける発信ができるようになると、子どもたちは意欲的になります。学習に取り組む姿勢に変化が現れます。そこでもう一声！**「学習をみんなで盛り上げることが大切だ！」**と強調します。クラスには学習にのれる子ののれない子様々ですが、同じ学習課題をやっているのですから、みんなで取り組める雰囲気を作り出すことが必要です。

漢字はとても簡単な学習です。覚えて書けるようになるだけの学習課題。そこに頭がいいとか悪いとかいうレベルの差はありません。**〝やったかやらなかったか〟の違いだけ**です。だから、**「漢字を個人の学習にしておかない」**という先生の強いアピールが必要です。

つまり、**友達同士で助け合う**のです。書けたかどうかはわかりにくいですが、まずは唱

えられるようになったかどうかのチェックは友達同士でできます。すると、まじめな子やできる子がやる気のない子を励まして一緒に取り組む場面が生まれます。私は、仲のよい子同士をペアにしたり、班で取り組ませたり、助っ人組を作ったりしましたが、どれも大成功でした。先生や親にガミガミ言われるより友達の方がよいです。友達は実に上手に優しくていねいに導いてくれます。そんな姿がクラスに生まれたら、そのサポート組を思いっきりほめましょう。そして感謝します。その輪をどんどん広げるような工夫をします。

漢字を覚えたか書けるようになったかは小テストで判断しますが、そのテスト結果も個人のレベルに留めておきません。班の合計点で競い合ったりすると、班の子は苦手な子やさぼる子を必死でサポートするようになるし、サポートされる子は友達の期待に応えようとか悪い点を取って迷惑をかけないようにと頑張りだします。すると、よい点を取った時は班員みんなが喜んでくれるのです。さらに私も頑張った子や班をほめると、他の班も負けてはいられないと頑張りだし、**助け合い・教え合いの輪が広がって**きます。漢字の小テストの点数なんて簡単に上げられるのです。頑張ったかどうかだけの結果だからです。それが友達のサポートのおかげだとなれば、クラスの輪はとてもよくなり、この学習に向かう雰囲気は、他の学習場面や行事などの取り組みへとつながっていきます。

学習を盛り上げる「しかけ」を練る

学習の「しかけ」は先生の大事な仕事の一つだと私は思います。**「しかけ」を考えるということは、現状を把握し、問題点を見つけ、それを改善しようとする姿勢から生まれる**のです。教科書に書いてあるから、指導書に書いてあるから、みんながやっているからではなく、目の前の子どもたちを見て、その子たちに合った、クラスに合った何かよい方法はないかと考えることは、担当している先生にしかできません。

私が初めて小学校へ転勤となり4年生を担任した時、4年の学習内容を進めようとしても、様々な場面でブレーキがかかりました。例えば、算数で筆算の割り算を教えようとします。しかし、その前に九九が自由に出てこない。商をたてるにも概算の暗算ができない。様々なところでつっかえてしまうのです。それを教科書に書いてある方法で繰り返し指導しても一向に前に進みません。そこで、その原因を探って見つけたポイントで改善策を練ります。例えば、24という数字に対して3×8、4×6が答えになる逆九九がすぐに出る秘策のプリントを作り、「これだけは覚えよう！」と暗記させました。暗算もできないので、鍛えるプリントを作りました。

そこで、教科書では暗算はほとんど取り上げていないからです。

また、頻繁に書かなければいけない自分の名前が上手に格好良く書けない、書かない。そこで、クラス全員に様々な大きさのマスの枠を用意し、パソコンから教科書体の字体を見本として出し、バランスよく名前を書く練習を1時間だけわいわいと楽しみながらやりました。それからはていねいに書くようになりました。乱暴に書いてあって「書き直し～」と言っても、あの練習した時間が功を奏して笑いながら書き直してくれました。

とかく注意することが多い学校生活では、気になることがあっても小言ばかりを言っていられません。どうしたら取り組んでくれるだろうか？　どうしたらやる気になるだろうか？などとあれこれ考えたものです。

そんな私にある子が声をかけてくれました。「先生は私たちが苦手なところを何とかしようといろんなことをすぐに考えてきてくれるね。ちゃんと寝てる？　次は何かなあってわくわくするよ。ありがとう！　頑張るからね！」涙が出ました。

低学年のしかけ

漢字のルール発見・成り立ち調べ

低学年の子たちは、漢字にとても興味をもっています。漢字のおもしろさを伝えるのに適した学年であり、**漢字のルール的なものを身につけさせる絶好の機会**です。

「カタカナはどこにかくれているかな？」（第４章96頁参照）

「へんやかんむりになると形はどう変化する？」（第４章99～１０５頁参照）

「書き順のルールを見つけられるかな？」（第４章１０６頁参照）

などの問いかけは子どもたちを大いに引きつけます。

1年生は、習う漢字が少ないので、新しい漢字が出たところでこんな問いかけをして、「次に同じようなものが出てきたら教えてね！　誰が先に見つけられるかな？」と言っておくと、まだ習っていない漢字まで調べてきて得意顔です。それを「すごいね～、よく見つけたね！」とほめようものなら、他の子も必死になって探してきます。

また、基本漢字の書き順指導も大切です。しかし「左↓右、上↓下、左上↓右下」というルールさえ確認できれば大方は正確に書けます。それを一字一字細かく説明するのは無駄なこと。**重要なものだけ・特別なものだけを強くインプットさせる**のです。**混乱しているものを整理してあげて、子どもたちにインプットさせる**のが多くの先生たちは実に下手だと思います。子どもたちが楽しめるインプットの仕方を工夫してください。

もう一つ、ぜひやってほしいのは**漢字の成り立ちの楽しさを知る**ことです。1年生・2年生の漢字は簡単で象形文字からきているものが多く、漢字の成り立ちがわかりやすいので、実におもしろい。山・川・木・日・火などは単純ですが、2年生の漢字になると、意味ある部分の組み合わせで「なるほど～！」とうなる漢字が続出です。それをみんなで調べて楽しんでください。調べる手段はたくさんあります。漢字辞典だけでなく漢字ドリルなどにも載っています。それらを機会あるごとに子どもたちに投げかけてください。みんなで調べて、発表し合って、納得して、「漢字ってうまくできているねえ！」と感心してください。子どもたちは家に帰って誇らしげに言うでしょう。そのうち大人顔負けの漢字の知識をもち始めます。そういう**楽しい漢字学習をスタートさせてあげてほしい**です。

班の活用・競い合い

中学年以降は班活動を利用しましょう。班同士の競い合いは非常に盛り上がります。「漢字を個人レベルの学習にしておかない」と主張する理由は、この頃から勉強ができるできないが顕著になり、できない子は点数を隠して人に見られたくないという羞恥心が生まれてくる傾向にあるからです。しかし、漢字は単純な学習です。やったかやらないかだけの違いで成果が変わります。そこを強調して班で取り組ませると、友達と一緒になって覚えようとします。子どもたちは友達思いの優しさにあふれています。最初は、「オレ関係ない」という顔をしていた子も、変化していくからすごい力です。

私は、漢字の進行は班に任せることにしました。10個単位で覚えたら次に進めるというシステム。班員の一人も置いていてはいけないというルールもお互いのよい協力を生みます。私はチェック表や班の進行表を作っておくだけで、それを見ながら「お～、2班頑張っているなあ。Aさんもちゃんとやっているんだ、えらいぞ！」「あれ、4班はどうした？ちっとも進んでいないな。もしかしてBさん？おい、みんなで助け合ってよ！」などと声をかけるだけです。楽なものです。足並みが揃ったところで、覚えたかどうかの小テストを予告します。**班の合計点数を競うのですから、苦手な子を巻き込みながら必死に頑張ります。とてもよい姿がクラスに生まれ、クラスが学習で活気づきます。**

小テストはA5用紙以下のサイズに収めます。大きいとぞっとするからです。テスト内容は10字の漢字とその熟語を一つずつ書かせる20点満点。ポイントは集める時も返す時も班単位。一人ずつには返却しません。なぜなら、班で頑張ってきたのですから、点数はオープンです。班員が互いの出来具合を確認してもよいのです。頑張った度合いが点に表れることを日頃から言っているので、点数の悪い子は自分の努力の度合いを振り返ることになります。ある回でよい点を取ったら、班員全員が喜んでくれます。ほめてくれます。そうなったら次も頑張るしかありません。班のサポート体制はますます盛んになり、勢いづいてきます。そんな班の点数を表やグラフにして目に見える形にして掲示すると、本当に盛り上がります。みんなで頑張ろう！という気運がクラスにみなぎります。

中・高学年のしかけ

ひいきじゃない特別扱いの「みっち班」

とはいえ、クラスには極端に漢字が書けず低学力の子が数人はいます。その子たちがいる班はいつも遅れぎみで点数も上がりません。最初は頑張る姿を見せますが、「どうせうちの班は○○ちゃんがいるから……。」と不満も出始めます。

クラスにいるそういう子たちのレベルは誰もが知っています。仲のよい子たちは何とかしてあげたいと思っていますが、その優しさでもなかなかうまくいかないことがあります。そんな時は担任の登場です。「よし、みっち班（私のあだ名）を作ろう！　先生が特別に見てあげるよ！」と宣言します。苦労していた班はそれでほっとします。なかにはいいなあという顔や、ずるいよという表情を浮かべる子もいますが、クラスのみんながその子にてこずり、時には授業妨害に困っていた感があるので担任の裁量が通ります。

私はそういう子に**特別目をかけてあげます。時間を見つけては声をかけ、チェックをし、覚えることに付き合います。それは特別扱いですが、ひいきではありません。**ひいきというのはできる子を特別待遇することです。みんなが何とかしたいなあと思っていてもうまくいかない子を私が引き受けるのです。そうして私が目をかけてあげることを誰も何も言いません。優しく見守ってくれる雰囲気、頑張れと応援する雰囲気が生まれます。

そういう子たちは、今まで放っておかれたのだと思います。かなり投げやりになっている子もいます。だけど、**心の底ではできるようになりたいと思っているし、それに付き合ってくれる先生の存在を喜んでくれている**はずです。叱咤激励・ほめまくり・励ましなど**あの手この手でその子たちに働きかけ、覚えるコツをゆっくりと教えていきます。**特別扱いされていることがなんだかうれしそうです。

ときには今やっている下学年の復習の内容をテストにして、みっち班の点数にします。漢字レベルの話ですから、先生の裁量一つでどうにでもなります。最初は「ずるい！」と言われることもありますが、その子が下学年に戻ってやることの大切さを説明すると納得してくれます。そうしてその子が頑張りだした姿を温かく見守り、できるようになることを喜ぶクラスができていくのです。こんな工夫や配慮で学習が復活した子が何人もいます。

中・高学年のしかけ

すきま時間で「漢字集めゲーム」

漢字学習は新出漢字だけを学ぶものではありません。日頃から既習漢字を思い出して使う意識をもたせましょう。しかし、子どもたちの頭は雑多な漢字で混乱しています。それを整理するのによい方法があります。

すき間の時間に、ゲーム性のある「漢字集め」をします。例えば、一つの部品をお題に出して、それが使われている漢字を思い出させます。あるいは、同音漢字集めをやります。一つのお題は短時間で終わらせ、思い出せた数を競います。しかし、それを一人一人の競争にすると、出来不出来が個人のレベルになってしまうので、またしても班で競わせます。顔を寄せ合ってひそひそと思い出し合っています。頭で考えるだけではそんなに多くの漢字は見つかりません。そこで教科書の巻末を見てもよいことにしますが、それは部品集めの時だけです。同音漢字は巻末がその配列になっているので見てはいけません。

班で漢字集めをゲーム的に楽しむ中で、いろんな姿が見えます。得意な子は音頭をとって書記役になり、苦手な子は必死になって教科書巻末を探しています。1個でも見つけたら、友達から「あ～、それがあったね。やったあ！」などとほめられてにこにこ顔です。

この漢字集めには漢字学習の本質があります。**漢字をばらばらに覚えるのではなく、部首や音で関連付けて芋づる式に思い出せる**のです。そもそも漢字はそのように作られています。この漢字集めを機会あるごとに実施していると、**思い出せる漢字が増え、似ている漢字同士をグループ化し、漢字群の中から適切なものを選ぶ感覚も養われます。**

とにかく楽しいです。友達と協力し合って競い合うゲーム性もあります。もちろん班の点数に加点です。漢字を書けるようにすることだけを目標にしている子には、苦手な課題です。日頃から漢字をつなげて楽しむという感覚で学習している子の方が強いです。

この漢字集めをすることは漢字学習の仕方や見方を変えてくれるのにとても役立ちます。「漢字は楽しい！　おもしろいね！　うまくできているね！」などの言葉が聞けるようになったら、もう心配ありません。どんどん加速していきます。いつか他の学習にもそんな発見の目を向けるようになるでしょう。それが〝**学びのコツ**〟です。

中・高学年のしかけ

使う力がアップする「聞き取り漢字作文」

「漢字をやろうか」と言うと盛り上がるようになってきたクラス。しかし、そんな限定された時間以外にも、学校では文章を書く場面がとても多い。黒板を写す時は見て書けますが、自分で文章を考えて書く作文やメッセージ、振り返りなど実に多くの場面で、漢字がすぐに浮かびません。面倒だとひらがなになり、高学年は内容に反して見た目は低学年のよう。小言を少し言うものの、ちっとも効果がないので、私はあることを考えました。

朝自習の時間、もしくは国語の最初に、「言うよ～」と声をかけ、頭に浮かぶことをゆっくりと話します。昨夜の家族の様子だったり、我が子の話だったり、あるいは突拍子もない話だったり……。私が話す文章の中に使われている漢字を書き出していくのです。子どもたちは国語ノートの末尾から、私はA３の紙と太マジックを持って書いていきます。

静かな時間が3分ほど流れます。私の生活がばれて笑いが起こることもあります。

「はい、おしまい。」で、黒板に解答のA3用紙を貼り出します。子どもたちはそれを見て、「あ～、これも書けたか！　しまった！」となり、赤鉛筆で抜けた漢字をノートに書きます。「はい、書けなかった漢字は3個ずつ昼までに書いて提出だよ！」休み時間をつぶしたくない子は、その場で必死に書きます。簡単な字ばかりなのですぐに終わる課題です。

そんなことを1か月ほど続けました。するとどういう変化が起こるか、もう想像がつくでしょう。日常の文章の中に漢字がどんどん増えてくるのです。今学習している新出漢字なんてほとんど登場しません。3年生までの日常生活で使う漢字がとても多く、それをすらすらと書くようになるのです。たまに今習っている難しそうな漢字を入れることも試みますが、変な文になることが多いのも笑いの種です。例を一つ紹介しましょう。

『散歩は気持ちがいいね。先生は空を見上げるのが好きです。雲の形が実におもしろい。飛行機を見つけるとどこか遠くに旅行に行きたいと思う。海外もいいなあ。』

答えは「散歩・気持ち・先生・空・見上げ・好き・雲・形・実に・飛行機・見つけ・遠く・旅行・行き・思う・海外」。**たった5分間の積み重ねで漢字が使えるようになります。そういう意識と書ける自信がついて初めて、普段の文章に漢字を書こうとするのです。**

高学年のしかけ

語彙力がアップする「熟語加点システム」

高学年になればなるほど、新出漢字だけに必死になっている場合ではありません。**漢字を使いこなし、言葉を増やすことが大切**になってきます。だから、定番で行っている小テストもちょっと工夫します。

Ａ４用紙の横に10個の漢字のマスを設け、その下に熟語が書ける欄を紙面の許す限り作ります。新出漢字1字が書けるかを確認した後は、その枠にできるだけ熟語を書いていくのです。訓読みの言葉はいっぱい作れるので、音読み熟語に限定します。もちろんそれは班の競争にします。加点方式で点数の上限はありません。

週に1回予告ありの小テストですから、何日も前から準備する子がいます。やる気のある子は漢字辞典や電子辞書で調べてきます。班の競争ですから、まじめな子はいっぱい調べて、やらない子にこれだけは覚えなさいよと示したり、朝学校に来るなり、そのノートを書き写させて少しでも覚えさせようとしています。このテストがある日は子どもたちの教え合いやサポートの姿がおもしろいように増えます。6年生になっても同様です。

自分が調べたことを友達に書き写させる、それでもいいと思います。**どれだけ言葉を覚えたかが問題ですから、手段は問いません。**朝のにわか覚えの学習でもそれなりに書けたら彼らの自信になるのです。

テストの時、子どもたちは覚えたはずの熟語を必死に思い出して書いていきます。私が作った枠だけでは足りず、「裏に書いていいですか?」と得意気に書いていく子。それは頭がよい子とは限りません。普段はちゃらちゃらしてちっともまじめにやらない子が、漢字熟語テストに勝負をかけてくれます。単なる個人テストならそこまで必死になりませんが、ゲーム性をもたせ、競い合いなどをやらせるとがぜんやる気になる子たちです。クラスの盛り上げ役の子たちもこのようなテストに必死になり、友達を巻き込んでくれます。

裏までびっしり書いてある熟語の中には、私が見たこともないような熟語もあります。私は必死に電子辞書で確認したりしましたが、あまりの手間にあきらめてこんな宣言をしました。「先生が知らない熟語は採点外とさせていただきま～す。」

全学年のしかけ

好奇心をくすぐる「漢字クイズ」

漢字はおもしろさと不思議さがつまった知的好奇心を刺激する宝庫です。**知れば知るほど知った喜びに包まれ、さらなる探究心で調べたくなります。そういうきっかけや誘導をしてあげる**だけで、指導側の役目は十分に果たされていると思います。

さらなる投げかけにはどんなことが考えられますか？ 教職を離れた私が、今思いつくことは次のようなことです。

■日々使っている漢字ドリルからクイズを出す。子どもたちにとって漢字ドリルは宿題でやらねばならないものとして嫌な印象をもっている勉強道具です。漢字ドリルには様々な情報が載っていますが、子どもたちは注目していませんし、先生は宿題のチェックに追われるだけの存在です。そこで、ページごとにクイズを出してみたらどうでしょう。子どもたちは隅々まで読むようになります。宿題をしている時も、漢字ドリルに書いてあるトピックスを読みながら取り組んでくれるようになるでしょう。きっとクイズでわいわいと盛り上がる楽しいすき間の時間になるでしょう。

■「漢字辞典」にも実にたくさんの情報が盛り込まれています。意味や成り立ち、漢字の秘密、見分け方・使い方の違いなど、ミニ知識の宝庫です。漢字調べで漢字辞典を開くのが習慣になったら、そのすき間に書かれているミニ情報に注目して、子どもたちに疑問を投げかけてみるのもいいでしょう。「答えは全部そこにある！」と正解を言わなくてもよいのです。子どもたち自身で知っていく楽しみと喜びがあるでしょう。

■各部分の成り立ちの意味を知って、次々と難しい漢字の意味を想像していくのも楽しいです。少しぐらい間違っていても、自分で考えて納得した！というのがいいのです。すると、日々目にしている難しい漢字に興味が湧いてくるようになります。

私はこんなことを考えながらわくわくします。**子どもたちを目の前にしてその反応を見続けている先生にはもっといろんな〝しかけ〟が浮かぶのではありませんか？**子どもたちの活気づく様子が目に浮かびます。事務処理に追われて忙しい先生ですが、そういう投げかけだけでもやってみる価値はあると思います。

全学年のしかけ

ドキドキ感をもたせる「まちがいの伝え方」

10問の小テストの採点は、休み時間や給食の時などちょっとした空きを見つけてすぐにできます。小テストは、やったその日のうちに返却するように心がけました。なぜなら、自分がどんな字を書いたか、何で悩んだかの記憶が子どもたちの中に残っている間に返却したいと思ってのことです。休み時間に教卓の周りに子どもたちが集まってきます。自分の点数は？ 班のあの子は?と気になって仕方がない様子です。その採点場面を隠したりしません。クラス中がオープンに共有している雰囲気も大事です。だからといって、子どもの前でいつもしているわけではありませんが。

採点していると多くの子が**同じような間違い**をする字がわかります。**間違いの傾向**もわかります。しかし、細かい赤ペンは入れません。多くの先生が細かく赤ペンを入れて注意を促しますが、返却すると子どもたちは点数ばかり気にして、どこをどう間違ったのかを真剣に見ようとしません。先生の徒労が多いと感じます。

だから、私は返却する前に「こんな間違いが多かったよ。ほら、ここ。おかしいでしょ。線は何本？　突き出るの？　出ないの？」と特徴のある間違いを黒板で示して共有させます。誰かは言いません。「みんなよく間違えるところなんだけどね。」と安心感をもたせながら、印象強く注意してインプットさせます。すると、「あっ、おれだ！」「しまった！」「迷ったんだよねえ、そこ。」などと大きな声で言う子がいたり、静かにしているけど明らかに間違えた～という表情の子がいたりと、クラスの中はドキドキ感であふれています。そして、「いいかい、何回も言わないよ！　こんな間違いは基本中の基本だからね。次に同じ間違いをしたら、二重バツにしようかな。」なんて言っておくことがよくありました。

この返却の仕方はかなり効果があります。**一人一人の間違いを細かく言わずに、間違えやすい特徴を捉えて解説し、さらに漢字の深い話にまで発展できたらすばらしいでしょう。**漢字の間違え方を公にし、次は間違えないでおこうという意識をみんなで共有すれば、苦手な子も密かに心がけるし、友達同士のチェックの時にも活かされます。もちろん、間違えた漢字を何回も書かせるような苦行はさせません。**強くインプット**して終わりです。

全学年のしかけ

やる気がアップする「がんばり度」

学期のまとめテストは漢字数も多くなり、採点も大変です。だいたいは個人に返却して終わりだと思いますが、みんなが本気を出したテスト、実力を問われるテストでは、**データの示し方が大きな効果を生みます。**エクセルで簡単に作成できるのでお試しください。

まずは、**クラス平均を伝えましょう。**大きなテストのたびに平均点を伝えていると、クラスの雰囲気が平均点の上下につながっていることがわかります。班の協力などクラスに勢いがついた時にはぐーんと上昇します。それをほめ、次はどうかなあと期待感と頑張り感を出させるのもよい働きかけだと思います。

次に、**成績順に並び替えて上位の子たちをほめましょう。**近年では差別だと嫌われがちな方法かもしれませんが、パーフェクトや1問だけ間違えた子などはほめてあげたいです。

漢字は思考力や頭の良し悪しが影響する分野ではありません。まじめにひたすら頑張った成果ですからそれをほめてあげたい。そういう基本的な姿勢を子どもたちに普段から見せておけば問題は出ないでしょう。

絶対にしてほしいのが**「個人のがんばり度」を示す**ことです。毎回の漢字数は違っても習得率（素点÷漢字数×100）を出して、前回の数値を引きます。それだけで前回からの頑張り度が一目瞭然です。それを上位から並び替えてみてください。**今まで漢字ができないとレッテルを貼られていた子、目立たない子などが一気に上位に躍り出ます。得点数ではなくどれだけ頑張ったか**がはっきり現れます。その上位の子たちを大いにほめてあげてください。拍手がわき起こり、その子への見方や態度が変わります。ほめられた子は大きな自信にもなるし、次回もきっと頑張るでしょう。そして、今度はオレも頑張ろうと密かに思っている子もいます。反面いつも成績のよい子や頑張っている子の変化はほとんどありません。0付近に集中しています。また、下がった子には何か原因があるはずです。学習方法や生活態度はどうだろう?と、先生はその子に目が向くようになります。

データはウソをつきません。誰もが納得して受け入れ、次への目標が立てられます。そして、みんなで頑張りだします。そういう働きかけが必要なのではないでしょうか。

みんなが伸びる！
みんなで伸びる！

前項で述べたデータ作成をしていると、もう一つ大きな変化に気づくことになるでしょう。習得率の高い順（成績順）に並べ替えてみてください。驚くべき変化が現れます。

私が推奨している学習法を取り入れたある学校の6年生における学期末ごとの習得率を一覧にした表1を見てください。

左2列は従来の漢字学習法で、4月に実施した昨年の5年漢字185字の習得率。100%は一人もいません。90%が一人だけ。70〜80%台、50〜60%台の人数が多いです。50%未満が8人もいます。つまり、あいまいに覚えている中間層が多く、クラスの3分の1を底辺層が占めています。

1学期末（7月）の習得率を見てください。書いて覚えさせる従来の学習法から転換を図ってからわずか3か月後には習得率が急激にアップし、100％達成者が7人。95％以上が14人と驚異的な伸びです。2学期末もその傾向を維持しています。

年度末の6年漢字181字のテストでは、100％5人、95％以上が15人で、クラスの3分の2が90％以上です。また、底辺層だった子たちが中間層へ移り、底辺層が極端に減っていることがわかります。

この表が示す変化は平均点の上昇にも直結しました。この学校の6年生は自分たちが達成した学習成果をとても喜び、自信をつけて卒業していったと聞きました。中学校では漢字習得に苦しむことなく、さらなる興味関心に目を輝かせていることでしょう。

このデータが示す傾向は、学年や全校で取り組んでいるどの学校にも当てはまり、高学年でも95％以上を達成するクラスが続出します。**クラスみんなが一斉に習得率を伸ばし、自信に満ちた漢字学習がなされている**ことが見て取れるのです。**基礎学力の強化は読み書きからと言われていますが、こういうクラスになったら、漢字以外の教科でもみんなで学び合っていく**ことができます。

表１　学級内での習得率の分布（長野県伊那市のＡ小学校６年生）

	５年漢字		６年漢字					
NO.	４月 185字	４月 習得率	１学期末 75字	７月 習得率	２学期末 78字	12月 習得率	３学期末 181字	６年漢字 習得率
1	166	90%	75	100%	78	100%	181	100%
2	161	87%	75	100%	78	100%	181	100%
3	160	86%	75	100%	78	100%	181	100%
4	151	82%	75	100%	78	100%	181	100%
5	151	82%	75	100%	78	100%	181	100%
6	147	79%	75	100%	78	100%	180	99%
7	140	76%	75	100%	78	100%	180	99%
8	139	75%	74	99%	78	100%	180	99%
9	137	74%	73	97%	77	99%	180	99%
10	132	71%	73	97%	77	99%	180	99%
11	123	66%	72	96%	76	97%	179	99%
12	120	65%	72	96%	76	97%	179	99%
13	111	60%	71	95%	76	97%	177	98%
14	102	55%	71	95%	74	95%	175	97%
15	97	52%	70	93%	73	94%	173	96%
16	96	52%	69	92%	72	92%	171	94%
17	92	50%	65	87%	67	86%	164	91%
18	85	46%	64	85%	65	83%	151	83%
19	80	43%	61	81%	61	78%	136	75%
20	69	37%	59	79%	55	71%	135	75%
21	62	34%	49	65%	47	60%	135	75%
22	50	27%	46	61%	31	40%	128	71%
23	26	14%	42	56%	25	32%	92	51%
24	21	11%			23	29%		
25	5	3%			21	27%		
平均	104.9	56.7%	67.7	90.2%	64.8	83.1%	165.2	91.3%

できたらいいな……全校統一方式の漢字学習

まずは、全校統一方式でこの漢字学習に取り組んだ学校のデータを紹介します（表2）。1段目の従来の方法では、3年生辺りから習得率が下がり始め、4年生以降はさらに低下します。これは全国どこでも見られる傾向で、2段目以降の4校も同じ傾向からスタートしました。

私が勧める漢字学習法の組み合わせや音訓を唱えて覚える方法だと、中学年でも落ちず、高学年は90％を超える見事な習得率を達成します。

漢字のしくみをとらえて、3年生までの漢字の部分がしっかり書けて覚えられれば、4年生以降はとても楽になることが証明されています。このような習得率を達成したクラスの子どもたちは漢字が大好きになり、自信をもてたことが容易に想像できます。そして、

表２　学年末に行った学年で習う全字の漢字習得率平均（単位：％）

	小学校所在地	備　考	1年	2年	3年	4年	5年	6年	全校
従来	横浜市	従来の学習法で（20年度）	92	83	64	58	57	-	71
道村式	横浜市	３年間の成果（23年度）	93	80	86	88	91	92	88
	福井県／坂井市	１年間の成果（24年度）	97	96	96	95	94	94	95
	長野県／伊那市	２年間の成果（28年度）	95	90	94	94	90	84	90
	長崎県／西海市	１年間の成果（28年度）	97	96	88	86	99	95	94

中学校でも漢字に苦労しなくなるはずです。

漢字学習は毎年いつもいつもやらなければなりません。だったら、**子どもにとって一貫性がある**方がよいに決まっています。**継続できる学習法、去年学んだことが今年も使えるような学習法、そういう方向へ転換を図るべき**です。

また、**全校統一方式で実施するには、全職員が共通理解をもち、同じ方向を向いて実施する**必要があります。異動してきた先生は少し大変かもしれませんが、それは先生側で伝達・共有していけるシステムを作ればよく、同じ学習法に慣れた子どもたちは迷いません。次々と漢字の知識を積み重ねていきます。全校で家庭で地域で同じ学習法が継承されていけば、どれだけの効果を生むか計り知れません。

第4章

「書く」指導のために知っておきたい漢字のしくみ

「漢字は部品でできている」とは、日本人なら誰もが予想できることです。でも、部首名を知らない、部首以外の部分をうまく言えないために大損をしています。

部品名を知れば、簡単に組み合わせて完成させることができます。形の変化や書き順には規則性があります。そんなことを知るだけで漢字は簡単に正確に書けます。

漢字は実に合理的にできています。その根拠をお知らせしましょう。

漢字は「部品」でできている

まずは、漢字を構成する部分（これを「部品」と呼ぶ）がどの学年にどれくらい出てくるのかをまとめた表を紹介しましょう。私が独自に調べたものです（表3）。

「基本漢字」とは、それ以上分解すると線構成になってしまうような漢字で、それぞれの漢字を構成する部品となり、その多くが部首となっています。ある学年で習う漢字の中に、その漢字の一部分として上の学年で登場する新出漢字が含まれていることがあります。学年が上がった時にはすでに書けるようになっている、そんな漢字も取り出しました。

例えば、1年の欄に、「③丁」とあるのは、3年生で「丁」を習うけれど、1年の「町」を書く時にすでに「丁」も書けるようになっています。「⑥寸」は、6年生で「寸」を習いますが、1年の「村」で書けるようになっているということを表しています。たびたび登場するこれらの基本漢字を、上の学年を待たずに登場した段階で、丁（ちょう）、寸（すん）などと呼び方を覚えればとても便利です。

「初出部品」とは、主に部首のことです。「部首」の欄は漢字辞典に載っている正式なものです。また、漢字を構成するのは正式な部首に登録されているものだけでなく、「うまく言えないけど、こんな形があちこちに使われている」という部品もたくさんあります。これらも漢字の構成を説明する上で欠かせないものですし、意味をもっています。それを「独自部品」の欄に示しました（学習に活用する時には名前を付けてあります）。

この表に載っている基本漢字・初出部品・カタカナ・漢数字の組み合わせで、常用漢字の全てを書き表すことができます。

この表で示したいことは、各学年で登場する部品の数と種類です。つまり、1年生・2年生では基本漢字が多く、2年生・3年生では、初出部品が多いということです。それでも、学年で習う漢字量に比べたら半分にもなりません。特徴的なのは、**4年生以降の数の少なさ**です。つまり、**4年生以降の漢字は、低学年で登場した部品の組み合わせで多くの漢字ができている**ということです。この表を見たほとんどの人がこの数の変化に驚きます。

そして、「**漢字は部品の組み合わせでできている！**」ということに納得してくれます。

表3　部品が登場する学年

	基本漢字		初出部品	
	その学年で登場する漢字	○の学年で登場する漢字	部首 (　)は常用漢字表外	独自部品
1年	40	2	8	3
53個／80	一二三五七八九十 口日田目月土王生 正大小上下中虫水 火山川雨木竹立文 子女耳手人入力年	③丁 ⑥寸	冂气𠆢儿亠囗幺凵	龶⺗⺊
2年	27	19	27	10
83個／160	言弓矢刀父母西北 羽鳥馬牛午毛角食 行止半長米心方里 門戸用	③豆由予 ④欠氏周良士未 ⑤可 ⑥己至 ㊥斗巾斤舟且占又	辶夂攵廾⺌禾釆彳 耂⺍罒彐毋頁隹豕 厂广彡刂几 (云袁乍勿巴也)	丷产开丂 龷乚电𦍌 夫以
3年	12	16	25	8

61個 ／200	央曲祭皿重申身世 皮平面羊	④求束失 ⑤永比示非 ⑥干尺 ㊥亜介及呂吏与是	飠扌牛歹冫阝 阝癶 尸疒弋戈匚𦍌艮殳 聿卩氺夂乚 （酉其廿辰）	龷㠯产关 仒艮罒莫
4年 26個 ／200	11 以衣果史司臣単飛 必不脈	5 ⑥我亡 ㊥井牙丘	5 衤覀勹几 （丗）	5 侌戋卉冊 㠯
5年 16個 ／185	3 久再支	3 ⑥片 ㊥臼矛	7 忄丬耒 犭㔾韋巛	3 咼冉𠃊
6年 13個 ／182	3 骨垂冊	2 ㊥呉斉	5 𧾷虍尢（亥甫）	3 堇业丰
中学校 24個 ／1130	5 甲巨甘缶瓦	0	11 ⺌豸旡舛爻彑屮 （瓜而乃此）	8 电山尣㐱 声声㐅丰
合計	101	47	88	40

漢字にはカタカナがいっぱい

表4　漢字に使われているカタカナ

1年	20個	イウ（宀）エカケサ（艹）ソ（丷）タツ（⺍）トナノハヒフムメル（儿）ワ（冖）「く」
2年	15個	アオクコシ（氵）セネ（礻）ホマヨラリレロン
3年	1個	ユ
4年	1個	ヌ
5年～中学	0個	

漢字に使われているカタカナは、表4のように最初に登場します。漢字の中に入り込むと形が少し変化するものがあり、（　）でその形を示しています。その変化の規則性を知ることは系統立てて漢字を学ぶ第一歩です。ちなみにひらがなの登場は「く」だけです。

1年生・2年生の漢字学習の時にカタカナに注目させると、書ける部分が多くなり、子どもたちは簡単に書けると思えるようになります。さらに漢字の中で「カタカナさがし」をすると、とても盛り上がります。

「漢字の中にかくれているカタカナをさがそう！」と呼びかけてみてください。

子どもたちはおもしろがって次々と見つけていきます。表5に示すような漢字を探せると、どうして漢字にはカタカナがいっぱい使われているのだろう？という疑問が湧くし、使われるカタカナの種類や数にも注目します。例えば、「カ（ちから）、タ（ゆう）、ロ（くち）」などが使われる漢字は、その意味まで関連していることに気づくはずです。それなら「ク、マ、ム」などには特別の意味があるのだろうか？と投げかけてみるといいかもしれません。漢字辞典には理由が載っているので調べ学習が始まります。他の字にもきっとこういう意味があるんだと、関連づけて考えるようになります。

また、次項で述べる「カタカナが変化した形」も、子どもたちをぐいぐい引きつけます。それらの規則性に注目させれば、漢字の作られ方とグループ化ができて、漢字をつなげてみるようになります。特に、カタカナが使われていることで、漢字が苦手な子たちもとても簡単に思えるでしょう。

低学年の段階でこのことに気づければ、漢字学習はただ写し書きするものではなくなります。不思議の世界にどんどん入り込んでいくようなわくわく感をもてるのです。

これが、子どもたちが**最初に出会ってほしい漢字学習**です。

表5　カタカナの形がそのまま使われている漢字（1年～3年）※漢字前の数字はその漢字を習う学年

エ	①左空 ②工 ③式	オ	②才	カ	①力男 ③助勝動勉	ク	②角魚色 ③急負勉
ケ	①竹、たけかんむりの字（②算答 ③第笛等箱筆）	コ	②弓、ゆみへんの字（②引強弱） ③館追				
セ	②地池 ③他	タ	①夕名 ②外多夜 ③いちたへんの字（死列）				
ツ	②図	ト	①下 ②外	ナ	①左 ②友		
ノ	①女石千年白 ②番風毛話 ③乗橋係血向身着追	ハ	①六校 ②交父谷黄 ③横期具真負				
ヒ	①花 ②北 ③化階死指	フ	①子	ホ	②茶		
マ	②通野 ③予	ム	①糸 ②雲会絵強公広室台 ③去育屋始転流				
メ	①気 ③区	ユ	③決	ヨ	②帰雪当曜 ③急		
ラ	②今	リ	②帰	ン	②羽弱 ③習		
ロ	①口右名石足 ②古合台同何歌回活京兄語高谷週船知店点答頭話 ③員君向号商品命問和感客宮橋局始拾昭豆倍部福落路						

カタカナの形がちょっと変化して、名前が付いてる

カタカナが漢字の部分に使われると、**じゃまにならないように少し形が変化します**（表6参照）。

■形が細くなってるよ

イ→亻　にんべん（「人」が左にいくとたて型に傾いて細くなるという説明もよい。）

シ→氵　さんずい（長く下からもち上げるとじゃまだから、小さくはねあがる。）

ネ→礻　しめすへん（「示」という字を崩して早書きするとこの形になる。）

ン→冫　にすい（3年「次」で登場しますが、2年「楽」でも「ン」をみつけるでしょう。）

■はらいが短くなってるよ

下に書きたいものがあるから、長くのばすとじゃまになるからちょん切っちゃう。

ウ→宀　うかんむり　ワ→冖　わかんむり

サ→艹　くさかんむり　ツ→⺍　つかんむり

ソ→丷　単独の「ソ」の他に、左右に分かれている「ソ」で「半・米」などがある。

点を二つ使っている漢字で、内向きなのか外向きなのかを意識しないであいまいに書いている子が多い。それを「ソ・ハ」の言葉を使えば、向きを正確に書ける。

ちなみに、点が一つの場合は、右下方向の点を「てん」、左下方向の点を「ノ」で区別。

■はねてないよ

ル→儿　はねないで、くるっと回わしてとめる、漢字に使うとこうなる。

ただし、「ル」そのままの形を使っている漢字「競・微」などがある。これは、筆の運びが右上に行かなければならないので、はねていると考えたらよい。

筆の運びが下に行く場合は、はねずにくるっと丸めて下に向かうと考えれば納得する。「空・究・深」は、この部分を「ハ」と書く間違いが多い。これを「ル」と言葉で区別して、はねないル（儿）だとわかっていれば、正確な字が書けます。

表6　カタカナの形が変化して使われている漢字　※（　）は分かれたソが使われている漢字

名前	形	1年	2年	3年	4年
にんべん	イ	休花	何作体夜	係仕使住他代倍化荷宿	位億健借信側仲低停伝働付便例候府
さんずい	シ		海活汽池	泳温漢決湖港消深注湯波油洋流酒落	泣漁治清浅法満浴
しめすへん	ネ		社	神福礼	祝
にすい	冫			次	冷
うかんむり	宀	空字	家室	安寒客宮実守宿定院館究	害完官察案管貯
わかんむり	冖	学	帰読売	写運深	栄覚軍続帯停労
つかんむり	⺍	学			巣単栄覚挙戦労
くさかんむり	艹	花草	茶	荷苦薬葉落漢	英芽芸菜
ソ（分かれたソ）	丷	（火金）	首前弟道南（半米）	幸送豆羊（平業勝）	関説隊
ル	儿	空四	西	究商深	熱陸

偏になるには規則性がある

基本漢字が左側に移動して偏になる時には、右に来る部品の**じゃまにならないように、形が変化する共通点（規則性）があります。**

■細くなるだけのもの

ごんべん（言）、くちへん（口）、いしへん（石）、にちへん（日）、しろへん（白）、つきへん・にくづき（月）、めへん（目）、かいへん（貝）、たへん（田）、くるまへん（車）、ゆみへん（弓）、つのへん（角）、ほうへん（方）、かたへん（片）、はばへん（巾）、うまへん（馬）、とへん（戸）、かわへん（革）

■右はらいが伸ばせなくて、点になるもの

きへん（木）、のぎへん（禾）、こめへん（米）、いとへん（糸）、ひへん（火）、やへん

（矢）、すきへん（耒）

■横線を右に長く伸ばせないので、下からはね上げるもの

つちへん（土）、おうへん（王）、かねへん（金）、さとへん（里）、おんなへん（女）、みみへん（耳）、こへん（子）、ふねへん（舟）

また、この規則性を使えば、他の細かい部分でも納得のいく漢字がたくさんあります。「規、効、領、助、動、政」はもちろんのこと、「教の子、式のエ、機の人、街の土、功のエ、熱の土、類の大、築のエ、武の止、域の一、勤の一、裁の衣、樹の豆、熟の子、郵の垂」など全てがこの規則に従った納得の変化をしています。

これらの一つ一つを学習するたびにとめ・はねを注意しても、子どもたちは混乱するのか、面倒なのか、なかなか受け取ってくれません。先生だけが躍起になって赤ペンを入れ、直らないことを嘆いている様子が目に浮かびます。だから、**このような形の指導は、使われている基本漢字の組み合わせを習得した後に行えばよいことで、最初から細かい部分の書き方に目くじらを立てない**ことです。

偏になる規則の例外だけをインプットする

前項で示した「冠や偏になるしくみ」の規則性を、子どもたち自身に見つけさせてみてください。「なるほど～、そうなのか！　じゃあこれも同じだね！」とどんどん探しだして大盛り上がりです。漢字が作られた時のしくみまで理解して、「じゃまになるからそう変化させたんだね」と納得してくれます。あるいは、「毛筆で書く時の筆の運び方で、右へ楽に移動させるために変化したのだろう」という発見もあるかもしれません。このように自分で探したり発見することで記憶に定着しやすくなり、書く時に自ら形に注意を払うようになります。

ただし、次のものだけは**例外的に形や書き順が変化します。ここだけに注意を向けて強くインプットする方が細かいことを逐一言うより、子どもたちも覚えやすくて効果的です。**

■形や書き順が変化するもの

【てへん(扌)、うしへん(牛)】てへんは「手」とは全く形が違います。うしへんは「牛」に似ていますが、書き順が違います。二つとも最後の下からはね上げる線に注目です。それを上手に書ければいいのです。

【しめすへん(礻)、ころもへん(衤)】点のあるなしで迷う部首ですが、「示・衣」を早書きするとこの形になり、ころもへんに点が増えるのも納得できます。こういう理にかなった説明をすると、「しめすへん・ころもへん」という部首名もすんなり覚えられます。

【しょくへん(飠)】「食」を左に細く書くためには伸ばせない部分があります。ひとやね(𠆢)の右はらいも該当しますが、そこは細かく言わなくてもよいです。それよりも下の「ノ・右はらい」を「点で止める」ことがポイントです。そこを強調してください。

【あしへん(𧾷)、ひきへん(𤴔)】1年の「足」で下の部分の交差にとても苦労しました。3年生で登場する「路」で大混乱。なんとかして足を細くして右はね上げの形にしようと間違える子がかなりいます。ここは、「口・止める」と何度も言わせてインプットし、足ではないことを強調しましょう。あしへん(𧾷)は小学校では「路」だけです。

書き順には規則性がある

先生たちは書き順をとてもていねいに指導します。整った字を書くために必要な手法であることはわかりますが、学校で口をすっぱくして何度言っても、子どもたちはそれほど気にしていません。そして、書き上がった字だけを見ても書き順のチェックはできません。しかも、2年生から急に画数が増えると、一字の書き順を覚えるのも大変です。

そもそも**書き順には規則性があります。左↓右、上↓下、左上↓右下**。

部品がいくつか組み合わさっている漢字は、全てこの方向性で処理できます。しんにょう(⻌)・えんにょう(廴)だけは後で書きますが、唱える順を確認すれば混乱しません。

特徴的な例外はたったの5個だけ（110頁参照）ですから、一つ一つの部品だけを正確に書けるように指導すれば、あとは細かい解説も面倒な練習も必要ありません。

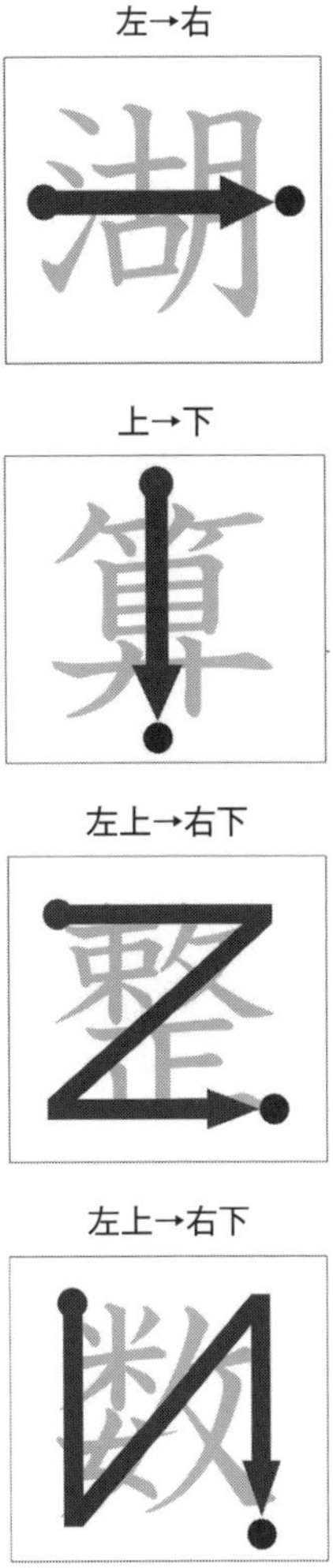

つまり、**基本漢字と部品の書き順だけを登場した時にていねいに教えて、正確に形良く書けるようにしておけばよい**のです。主に低学年での指導になります。そして、ありがたいことに**「基本漢字や部品」の画数は少ない。**書くことを面倒がったり苦手な子どもには、これだけを練習させればよいのです。それくらいの書く練習は必要です。

何らかの理由があって書くことに困難さを示す子たちにとって、画数の多い漢字を1画目から順を追って完成させるのは大変な作業なのです。その辺の困難さを理解している教師は意外と少なく、とにかく何回も書いて覚えなさいと苦行を強いていることを自覚すべきです。（このような子どもたちへの書き方の特徴と指導は、第6章で述べます。）

つまり、**「基本漢字と部品」を正確に書けるようになったら、書き順はその各部分で完結して、あとはその組み合わせを書き順の規則性に従って唱えればよい**のです。

書き順通りに唱えれば正確に書ける

基本漢字の書き順を教える時も、口に出して唱えさせると子どもたちは簡単に覚えます。

【「左」と「右」】

1年生の先生が何度説明しても定着しない書き順です。「左」は「ナエ」と言えばよい。カタカナの組み合わせです。「右」は左と書き順が異なり、1画目は「ノ」です。だから、「ノ一ロ（のいちくち）」と言って区別させれば完璧に書けます。

【「里」と「書」】

「里」は「日、たてぼう、二」。たてぼうを先に書いて、「二」を後に書くのは、「青、生」などたくさんあります。ところが、「書」だけは逆なのです。「けいがしら（ヨ）、二、上につき出すたてぼうとめて、日」（半数の日本人が間違っています。）なぜこれだけたてぼうを後に書くのか？ それは「ふでづくり（聿）」から成り立っているからです。

線の本数や長さのバランスをとるのが難しく、書き順も間違えやすい漢字です。

【「乗」と「垂・郵」】

「ノ・ニ・たてたて・上までのばした木」と唱えながら書けば、三本線の真ん中が長く、書き順もバッチリです。３年漢字の「乗」で書き順と形を正確に書けるようになっていれば、６年生の「垂・郵」は「乗」と関連付けて、「両側のはらいを取って、一で止める」を付け足せば、完璧に書けます。この三つは小学生が苦手とする代表的な漢字です。

【部首の「ふるとり（隹）」】

２年生の「曜」で初登場です。画数が多く縦横線が多いため、混乱する字です。しかし、「日、ヨ二つ」はすぐに確認できますから、ここは練習しなくてもよいでしょう。ただ、「ヨが微妙に違います！ 下に少し出します！」という先生もいるでしょうが、問題はそんなところよりもその下の「ふるとり」です。「ヨ」は大目に見るか、第２ステージの話にしてください。隹＝「イ、ちっちゃいノ、一、たて、三」これを**形を見ながら何度も唱えて書く順番をイメージします**。**するとすぐに書けます**！ それを「ふるとり」という部首名で言えて思い出せればよいのです。「観の左、確の右」も合体型ですぐに書けます。

部首の書き順で例外は五つだけ

①くにがまえ（囗）

２年生で習う「国」の部品の組み合わせは「くにがまえ、玉」。この組み合わせ順に「くにがまえ」を書いてしまうと、底を閉じてから中に「玉」を書くことになってしまいます。「くにがまえ」は最後の１画（底の横線）を書かずに、中に入る部品を書いてから、最後に底を閉じます。つまり、「くにがまえ」は分断して書き進めなければいけない部品です。実は、くにがまえは１年生の「四」で出てきますが、この段階ではそんなややこしい説明はしなくてもよいでしょう。２年生で「くにがまえ」の字が四つ出てきます（国、回、図、園）。この段階で「くにがまえ」の書き順をしっかりインプットしておけば、それ以後たくさん登場する「くにがまえ」の字はもう大丈夫なのです。

②はこがまえ（匚）

3年で「区」「医」が出てきますが、小学校ではこの二つだけです。この「はこがまえ」も1画目の上の横線を書いた後に、「メ・矢」を書いてから、左と下をL字型で閉じれば完成です。つまり、「はこがまえ、メ」「はこがまえ、矢」と唱えるけれど、はこがまえを完成させる前に中を書くということだけを押さえればいいのです。

③ぎょうがまえ（行）

2年生で「行」が出ますが、この時はそのままの字なので大丈夫。4年生の「街」、5年生の「術・衛」が出てきた時に、「ぎょうがまえ、土二つ」と唱えてそのまま書こうとすると不具合が生じます。そこで間に何が入っているかを確認して、左から順に書くようインプットします。「術」は「ぎょうがまえ、ホ・点」、「衛」は「ぎょうがまえ、五の一なし・ロ・年の下」で見事に書けます。全国の5年生が「衛」の字の思い出しにくさ・書けなさに困っていますが、口で唱えられるようになり、書き順の規則性を知っていれば、形が頭に思い浮かび、書き順に戸惑うことなくあっという間に書けてしまうのです。

④しきがまえ（弋）、**⑤ほこがまえ**（戈）を部首にもつ漢字はとても特徴的かつ難しいので、改めて第7章で解説します。

第5章

「読む」指導のために知っておきたい漢字のしくみ

読みの指導が手薄になっています。教科書の単元を読むためだけの指導では、その後苦労する子どもたちが大勢います。先を見通した指導をするために「訓読み・音読み」のしくみを知ってください。今まで気にも留めなかった納得の事実がたくさんあります。

漢字は先取り学習ができます。「漢字が読める」という自信が、今後の学習に大きな力となります。漢字が苦手な子、さらには外国人などは、日本語そのものを読むことに苦労しているはずです。

読めない原因に「ひらがなの連続・つながり」

例えば、「そうしなければならなかったんだけれども……。」とひらがなが連続する文字群の中で、どこで区切ればよいのか、言葉のかたまりを一瞬でとらえられない子がいます。人間の目は7文字程度を一瞬でとらえることができ、その範囲内で知っている言葉を瞬時に見つけ出し、その連続で視線を移動しながら言葉を確認していくと言われています。しかし、その目線の動きや言葉のかたまりの認識がうまくいかずに、1字ずつを拾いながらイライラしている子がいるのです。

また、行替えがスムーズにいかない子もいます。つまり、行末の文字の記憶と行頭に目線をすぐに移動して言葉をつなげる作業がうまくできない。あるいは、行を飛ばしていつの間にか次行を読んでしまっているなど、眼球運動や視覚認知がスムーズにいかないなどの機能的な問題がある子もいるようです。他にも光の感覚過敏（アーレンシンドローム）に関係していて読みにくいのではないか、という見解も出始めています。

彼らが感じる**読みにくさの原因は、通常の眼をもっていて読むことに抵抗のない人たちには絶対に理解してあげられないこと**です。特に先生たちはこの問題をあまり認識していません。なぜなら、先生たちはとても良い眼をもっていて、何の苦労もなく読み書きができ、内容を理解できたからこそ、大学まで行って教員免許を取得できたのです。このことは、書きに関しても、知識理解に関しても、できない子を見る視点において、最近私が痛感し強調していることです。

そんな万能だった先生が習得した道をたどれと言わんばかりに「音読練習しろ」「書いて覚えろ」としつこく言うのです。それでは何の解決にもなりません。このような指導をしていることに気づいたならば、次のようなことを考えてみてください。

読みにくさの根本的な原因を解決するのは難しいですが、改善する方法はいろいろあります。近年は視能訓練士・言語聴覚士・作業療法士・臨床心理士などの専門職の人が教育現場に関わってくれるシステムもできあがってきました。**専門家のアドバイスを受けながら、個々の苦手さの原因を探り、改善策を講じてサポートしてあげましょう。**

訓読みは楽だが、送りがなに注目

漢字には訓読みと音読みがあり、その区別は小学3年生で習います。常用漢字2136字のうち約半数が訓読みをもち、日本人にはよく意味が通じる読み方です。小学校では先に訓読みを習い、文章中でも読みやすい漢字としての印象が強いと思います。ですから、訓読みに関してはそんなに配慮をしなくてもほとんどの子が習得できる読み方でしょう。

ただし、気をつけなくてはいけないのが送りがなです。私が中学で国文法を習った時に、わけもわからず五段活用やサ行変格活用などを唱えていましたが、当時はよくわかりませんでした。それでも「語幹・語尾」の言葉だけは頭に残って、以後送りがなで迷う時は、読みが変わらない部分が語幹で、いろいろ変化するのが語尾で、その語尾を送りがなにすればいいのだということを、かなり後になって経験的に理解したように思います。

しかし、そんな難しいことを小学生には教えられません。彼らは文中に使ってある送りがなを何度も目にするうちに自然に覚えているようです。ありがたいことに現代は変換の時代ですから、かなを入力するだけで正確な送りがな付きで変換してくれます。誰も迷いません。ですが、手書きとなるとかなりの確率で間違えるものがあります。

例えば、4年生で習う漢字の「喜ぶ」は多くの子が間違える送りがなです。なぜなら、かなが4文字もあって「ぶ」だけを付けるとバランスが悪いと思うのでしょうか、「こぶ」を付けるまちがいが目立ちます。その他の例を挙げ出したらきりがありませんが、傾向としてよみがなの数が多い字で迷うようです。

そこで、こんな工夫をしました。「よろこ―ぶ」とハイフンを入れて、語幹と語尾を区別したのです。しかし、これだけではまだ不徹底です。これをハイフンで半呼吸区切って、「〝よろこ〟ブ！」と強調して唱えるのです。そこに動作も加えます。お尻を突き出し、ブッ！っと、おならをしているポーズです。これで子どもたちは一気に湧き立ちます。そして、おもしろがって何回もポーズ付きで唱えます。**全ての訓読みを唱える時に、送りがなの前で半呼吸区切って強調して言います。これで訓読みの注意はおしまいです。**クラスみんなで大声で唱えてください。そして、楽しんでください。効果絶大です！

読めない原因の多くが「音読み」にある

漢字の音読みは中国から伝わった音がそのまま残っているものが多いです。
常用漢字表（2136字）が示す読み方をまとめたデータ（表7）を見てください。

訓読み
☆（左1列目）　訓読みしかない漢字77字（3・6%）
☆（左2列目）　音訓両方あるが、訓読みだけ習う漢字105字（4・9%）

音読み
★（中央と右側）音読みがある漢字2059字（96・4%）
★（中央）　音訓両方習う漢字1001字（46・9%）
★（右側）　音読みしかない漢字953字（44・6%）

漢字のほとんどが音読みをもっていて、音読みしかない漢字は常用漢字の半数近くもあります。驚異的な数です。そして、この音読みが実にやっかいなのです。

表7　小中で学ぶ漢字の読み分布図　小学校（教育漢字）1006字＋中学校1130字＝常用漢字2136字

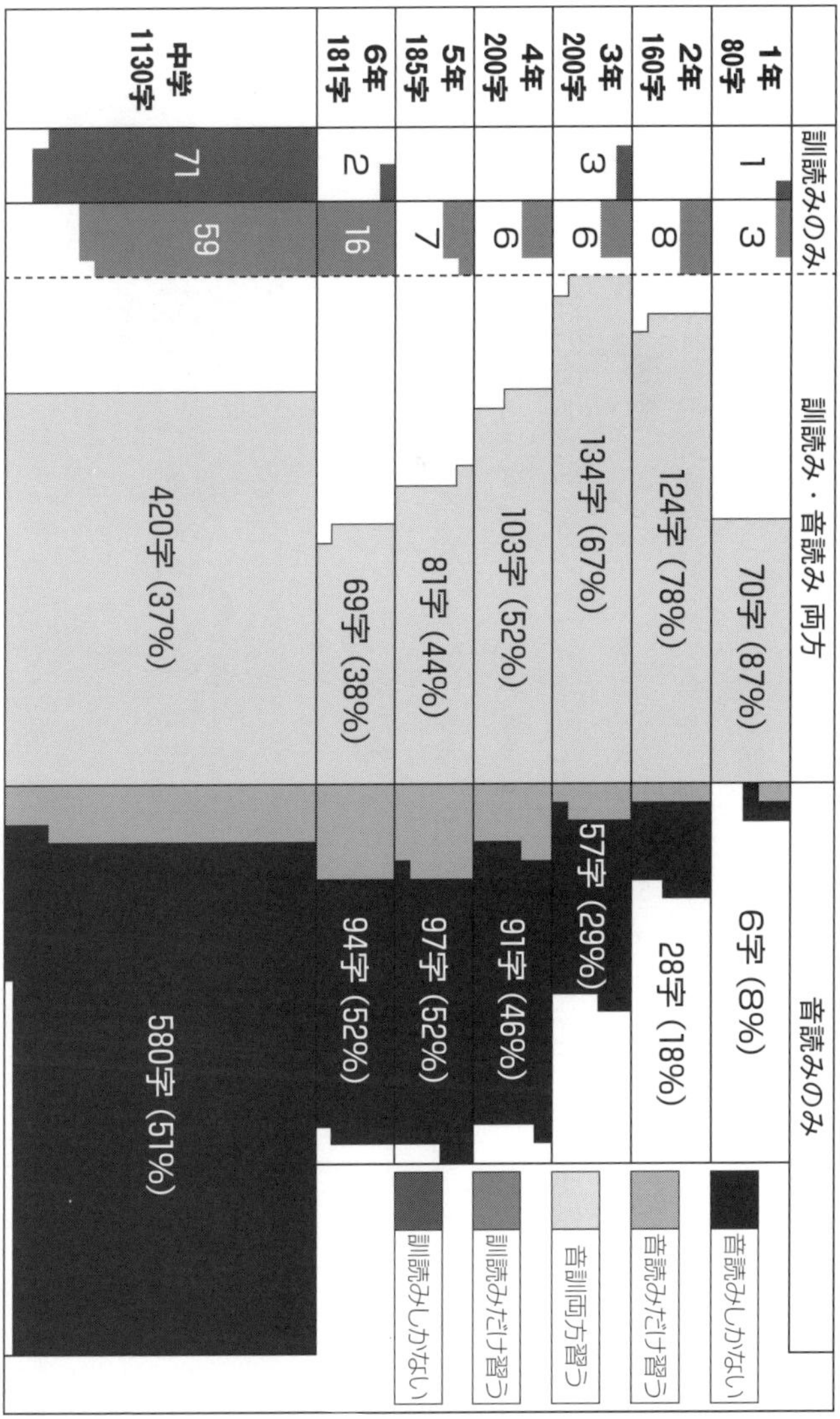

音読みはカ行・サ行に集中している

漢字の音読みは同音がとても多いです。その音の数を調べてまとめたのが、表8です。**カ行・サ行が極端に多く**、常用漢字の54％を2つの行が占めます。**次いで多いのが、タ行・ハ行**で、合わせて27％です。なんと約8割の漢字がこれらの行に集中しています。

また、カ行・サ行の中でどの音が多いのかに注目してみると、「シ」が圧倒的に多い。さらに、「シ」の中には「シ・シャ・シュ・ショ・シン」とその濁音や長音もあるので、読みが苦手な子はそれらの区別もごちゃごちゃになっていることでしょう。

単音だけで見てみると、コウが一番多くて63個、ショウ50個、シ47個、カン45個……。中国語に由来しているから、こんなに片寄ってしまうのでしょう。

表8　カ行・サ行に多い音読み

	ア行	カ行	サ行	タ行	ナ行	ハ行	マ行	ヤ行	ラ行	ワ行
小学校	61	262	311	127	18	123	28	32	42	2
中学校	69	289	291	157	18	164	33	35	68	6
計	130	551	602	284	36	287	61	67	110	8

カ行・サ行の中の音読みの数

	カ行					サ行				
	カ	キ	ク	ケ	コ	サ	シ	ス	セ	ソ
小学校	76	72	10	44	60	41	165	6	58	41
中学校	94	72	14	44	65	36	155	17	44	39
計	170	144	24	88	125	77	320	23	102	80

同音で大混乱、音読みの指導時期が悪い

同音の音読みが多いことに加え、訓読みがなくて**音読みしかない漢字もとても多い**です。小学校や中学校で習う読み方で、「音読みしかない漢字」＋「音読みだけ習う漢字」を数えてみると表9のようになります。

4年生以降は急激に増え、習う漢字の約半数が音読みだけになります。訓読みがないのですから意味もわかりにくく、同音なので区別も付けにくい。しかも、その音はカ行・サ行が圧倒的に多い。これでは、混乱してわけがわからなくなるのは当たり前です！

そして、もっと大変なことがあります。**3年生までは訓読みだけを習い、高学年になってやっと音読みを習うという、学年を超えて読み方が随時加わってくる**のです。教科書会社によって対応は違っていますが、教科書の単元教材では主な一つの読み方しか習いませ

表9　音読みだけで区別する漢字数

学　年	1年	2年	3年	4年	5年	6年	中学
習う漢字数	80	160	200	200	185	181	1130
音読みしかない漢字	4	23	48	74	73	69	523
音読みだけ習う漢字	2	5	9	17	24	25	57
合　計	6	28	57	91	97	94	580
割　合	8%	18%	29%	46%	52%	52%	51%

ん。しかも低学年ではその読み方は訓読みであることが圧倒的に多いのです。

例えば、1年生漢字の「男・女・空・虫」などは、単元教材の内容から「おとこ・おんな・そら・むし」という訓読みだけを習い、もっと後の学年で「ダン・ジョ・クウ・チュウ」の音読みが登場します（光村図書ではなんと4年生で登場します）。しかし、そこで先生たちは新しく加わった読み方をていねいに教えるでしょうか。スルーです！それよりも新出漢字を覚えさせることに必死です。後の学年で追加される読み方は自分で確認して覚えるしかないのです。

このような**先に訓読みを習い、後で音読みが追加される学習システムをとると、音読みのインプットが悪くなり、漢字が苦手な子には大きな負担になる**のです。

音読み一つを覚えればよい

常用漢字のほとんどに音読みがあり、しかもカ行・サ行がたくさん！　子どもたちは大混乱しています。しかし、救いの手があるのです。それは、ほとんどの漢字の音読みは一つだけしかない。二つあるのはほんの少しなのです。といっても信じてもらえないことが多いので、その数をまとめた表10を見てください。

とても少ないことがわかっていただけるでしょうか。1年生・2年生の漢字は日常的によく使われているものが多いのでその割合が高くなっています。しかも、小学校で二つの読み方を習うのは2年漢字の「合・読・分」だけで、他は全て二つの読み方だけです。そして、難しいと思われている**3年生以降の割合は1ケタ**です。この中には、二つ目の読み方が「特別なものまたは用法の狭いもの」も含まれているので、必ず二つの音読みを覚え

表10　二つの音読みを習う漢字数

学　年	1年	2年	3年	4年	5年	6年	中学	高校
習う漢字数	80	160	200	200	185	181	1130	0
二つの音読みを習う数	23	26	14	11	7	4	小漢字65（6.5%）中漢字42（3.7%）	小漢字77字（7.7%）
割　合	29%	16%	7%	6%	4%	2%	10%	

なければならない漢字はもっと少ないのです。

つまり、**「漢字の音読みを一つだけ覚えれば、ほとんどの漢語が読めてしまう」**と言っても過言ではありません。

それを知らずに、子どもたちが「漢字には読み方がいくつもある、ややこしいなあ、わかんない！」と思い込んでしまうのは実にもったいないことです。

学校では「書き指導」ばかりに重点を置かれがちですが、すでにPCなどのIT機器を活用するのが当然の時代であることを考えると、漢字は正しく選択できればよいと思います。

それよりも「読み指導」をもっと大切にすべきだと思います。漢字の音読みを一つだけ覚えれば、多くの漢語が読めて読書ができるようになります。すると調べ学習ができるようになります。そして、**高学年の漢語だらけの教科書が楽に読める**ようになる、これはとても大事なことです。

漢字を読むための秘策「漢字のタイトル」

漢字の読みは音訓いろいろあって、特に音読みの習得が学習への大きなカギを握っています。訓読みがある漢字はそれを聞いただけでわかりやすいですが、音読みは同音がたくさんあるので、子どもたちは読みから漢字を区別できません。しかも、音読みしかない漢字が半分もあるのです。音読みと訓読みを羅列して覚えようとしても混乱するだけです。さらに、読み方の提示方法や指導時期は教科書によって異なります。子どもたちはどのように区別しながら読み方を覚えていったらよいのでしょうか。

漢字は最初から書かずに唱えて覚えることを推奨している私は、読みに関しても唱えて容易に習得できるものにしたいと考えていたので、高校までの学校教育の中で習う読み方を、様々な角度から検証してみました。同時に、子どもたちが習得しやすくするための工夫もしました。

まず、漢字を特定するために、視覚障害者が活用しているパソコンの音声読み上げソフトからヒントを得て、音読みに熟語を付けて「〇〇という言葉のあの漢字」と説明すればよいのではないかと考えました。そして、そのための熟語を選定しました。

それらを実践で活用しているうちに、小学校から高校まで学習段階に分けて提示される読み方を、いつどのように習得すればよいかの方法と根拠を見つけることもできました。

さらに、音読みが二つあって両方とも覚えなければならない場合や、辞書や一覧表などの資料を活用する時に知っておいた方がよい読み方などを徹底的に調べ、どのように覚えたら効率的かなどを研究しました。

これらの根拠に基づいて作り上げた、唱えて覚える漢字の読み方を「漢字のタイトル」と私は呼んでいます。**誰でも間違いなく特定できてとても便利な方法**です。これが定着し普及すれば、漢字を学ぶ学校教育の中だけでなく、日常的に漢字を口で伝えたい時に**日本人みんなが共有できるコミュニケーションの一つ**になると思いますし、さらには**日本語を学ぶ外国人にも容易に習得できる手段にもなる**はずです。**漢字の読み指導分野の新たなツールとなり、活用されることを期待します。**それを次の項から紹介しましょう。

音読みは親密度の高い熟語とセットで覚える

熟語を利用して、「この漢字だよ!」と伝えたい時に、相手が思い出せなかったり、自分と違った言葉を思い出したりしていると、全く通じません。多くの日本人になじみがあって瞬時に思い出せる熟語を使うことが重要です。そこで、NTTが作成した『単語親密度』というデータベースを熟語選択に活用しました。しかし、熟語を選ぶ時に単語親密度上位にある言葉を使おうと思っても、音声で伝える時の誤解を防ぐために、同音異義語は外さなければいけません。

例えば、「汽」という漢字を伝えるには、どんな熟語を選んだらよいでしょうか。「汽」には「キ」という音読み一つしかありません。訓読みがないので、音読みの熟語がとても大切になります。さて、何を思い浮かべましたか?「汽車」?だめです。「キシャ」は他にも同音異義語がいっぱいあるでしょう。「記者、喜捨、貴社、帰社……」違う言葉を思い浮かべたら、もう通じません。では、何がよいのか思いつきましたか？　そうです、「汽笛」です。汽車に次ぐ単語親密度上位の熟語です。しかし、日本人の多くが「汽笛」の音なんて聞いたことがありません。しかし、絵本の影響でしょうか、子どもたちも日本人ならみんなが「汽笛」を知っています。だから、「汽笛のキ」が最も適切なのです。

このように**単語親密度が高く、しかも同音異義語を外した熟語を全ての漢字の音読みに付けていきます。さらに、より早く明確に思い出せるように、動詞化・形容詞化・接頭接尾語付加・複合語を用いた熟語にする工夫をしたものが「漢字のタイトル」です。**

「経験のケイ」よりも、「する」を付けて動詞化させ、「経験するのケイ」。

「鈍感のドン」よりも、「な」を付けて形容詞化させ、「鈍感なのドン」。

「普遍のヘン」よりも、接頭・接尾語を付けて「普遍的のヘン」。

「試験のケン」よりも、複合語にして「入学試験のケン」。

たいして変わらないと思うかもしれませんが、それは目で文字を追っているからで、音だけで区別するためには、このような選択と工夫が必要なのです。

教科書の巻末はすごい！

前項のような単語の親密度が高くて聞き取りやすい熟語を探しているうちに、わかったことがあります。教科書巻末に「この本で習う漢字」というページがあり、そこに熟語が記載されています。しかし、教科書の単元に出てきたものとは違う熟語が載っています。それらの熟語は「単語親密度」の高いものばかりでした。つまり、「日本人ならみんな慣れ親しんでいる言葉ですよ！」「小学校卒業までに覚えておいてほしい言葉ですよ！」と訴えているのです。中学校の教科書も同様でした。

例えば、教科書では『ごんぎつね』や『大造じいさんとガン』などの文学作品を単元として取り上げます。そして、その作品に出てくる言葉の漢字が新出漢字として登場し、子どもたちはその言葉や熟語の漢字を必死に覚えます。そうしなければ単元テストで良い点が取れないからです。しかし、昔話や文学作品に登場する独特な熟語は日常生活でよく使われるでしょうか。

いいえ、**大切なのは教科書巻末の熟語**です！　あれは日本人みんなが知っている言葉として、覚えておかなければいけない言葉として載っているのです。しかし、これらの有名な言葉には同音異義語が多すぎます。だから、漢字を特定するための『漢字のタイトル』は、同音異義語をはずしたり、前項で書いたような工夫を凝らした熟語を作りました。

学習を進めるためには「漢字が読める」ことが何よりも必要です。また、日本語には音読みの漢語が多くあり、**訓読みだけで漢字を読める気になっていては漢語を読めるようになりません。音読みの習得が絶対に必要**なのです。また、一つの音読みを覚えればほとんどの熟語を読めます。しかし、音読みには同音がたくさんあるので子どもたちは難しく感じています。だから、**新出漢字が登場した時に、音読みの熟語を加えた音訓セットで読み方を覚えてほしい**のです。この読み学習は小学校の漢字にこそ適用すべきです。そうしなければ日常的によく使う語彙を増やせません。中学校以上では自分で学習しなければならないのですから、この学習法を早めに身に付けておいた方がよいのです。

「これまでに習った漢字」一覧表の活用術

教科書巻末の「これまでに習った漢字」一覧、あるいは、漢字辞典など多くの漢字資料にも一覧表が付いています。これらの一覧表に並んだ漢字は何の順に並んでいるのでしょうか? ほとんどの漢字がもっている**音読みの順に並んでいる**のです。もちろん訓読みしかない少しの漢字はその中に入り込んでいます。

『常用漢字表』(内閣告示)は、漢字の読み方や配列など全ての基準になっているものです。教科書巻末も様々な一覧表もこの表に基づいて作られています。

それをはっきりと意識できたのは4年生を担任した時でした。「泣」の訓読み「なーく」を習います。教科書巻末を使って漢字を探させた時のこと、子どもたちは「ない、ない! 載ってない!」と騒ぎ始めました。「そんなはずはないでしょ」とおもむろに教科書を持った私も、あれ？と思いました。たしかにナ行にはありません。「そうか、キュウだ！」と音読みを思い出したのです。「巣」でも同じでした。４年生では「巣箱のす」という訓読みだけ習います。しかし、「す」の欄には載っていません。「ソウ」に載っているのです。４年生の子たちはそんなことを知りませんから、「この教科書間違っている！」と大騒ぎ。だから、私は次のような「漢字のタイトル」を作って覚えさせました。

「泣」＝〈号泣するのキュウ〉、な―く　「巣」＝〈卵巣のソウ〉、巣箱のす

この中の〈　〉は中学校で習う読み方で、〈　〉は高校で習う読み方です。

小学４年生が覚えなくてもよい音読みなのですが、仕方ありません。これを覚えておかないと、一覧表の中で探せないのです。同じようなことがもっと下の学年でも発生します。

１年生で習う「夕」。読み方は訓読みの「ゆう」です。では音読みは何でしょう？よく通じる言葉は何でしょう？一朝一夕のセキ。中学校で習う読み方だけど、これを覚えておく必要があるのです。だから、「〈一朝一夕のセキ〉、夕方のゆう」。

２年生で習う「矢」の読み方はもちろん訓読みの「や」です。音読みは？熟語は？慣用句の一矢報いるのシしかありません。高校で習う読み方ですが、今覚えておかないと一覧表の中で探せません。だから「〈一矢報いるのシ〉、弓矢のや」。

新出漢字の時に「音訓セット」で覚えよう！

小学校で訓読みだけを習い、中学・高校で音読みを習う漢字は表11の46字です。この46字の音読みは中学・高校まで待てません。小学生のうちに知っておく必要があります。なぜなら、3年生以降の教科書巻末一覧表は全て音読み順に並んでいるからです。

「夕＝〈一朝一夕のセキ〉、夕方のゆう」「矢＝〈一矢報いるのシ〉、弓矢のや」などの音読み言葉は小学生には難しいです。2年漢字の「雪」は、訓読みの「ゆき」だけを習い、高学年で音読みの「セツ」を習いますが、2年生の時に「積雪のセツ、ゆき」と覚えた方がいいのです。「積雪」の意味もそのうちわかるでしょう。

とにかく、**新出漢字が登場した段階で音訓セットで覚える必要がある**ことは今までの説明でわかってもらえたと思います。加えて、**音読み熟語が多少難しくても、「今にきっと**

表11　中高で音読みを習う小学校教育漢字

	中学校で習う音読み	高校で習う音読み
1年(3字)	耳(ジ)　夕(セキ)　川(セン)	
2年(8字)	羽(ウ)　何(カ)　弓(キュウ) 谷(コク)　姉(シ)　麦(バク) 妹(マイ)	矢(シ)
3年(6字)	荷(カ)　拾(シュウ・ジュウ) 申(シン)　鼻(ビ)	昔(セキ)　坂(ハン)
4年(6字)	泣(キュウ)　笑(ショウ)　焼(ショウ)　浅(セン)　仲(チュウ)	巣(ソウ)
5年(7字)	厚(コウ)　似(ジ)　舌(ゼツ) 貸(タイ)　迷(メイ)	桜(オウ)　枝(シ)
6年(16字)	我(ガ)　灰(カイ)　割(カツ) 机(キ)　穴(ケツ)　若(ジャク) 盛(セイ)　染(セン)　認(ニン) 並(ヘイ)　片(ヘン)　暮(ボ) 忘(ボウ)　卵(ラン)　裏(リ)	絹(ケン)

役に立つから」と言い聞かせて、百人一首を唱えるように覚えてもらう。きっと百人一首よりも使い道があります。

小学校の検定教科書5社のうち、光村図書以外は新出漢字登場の時に全ての読みを掲載していますが、単元を指導する先生には「そんな難しい読み方まで教えなくても、この単元さえ読めれば……。」と指導が手薄になっています。中学や高校では小学校漢字の追加の音読みどころか、全ての読み書きをていねいに教えてはくれません。自学自習の範囲です。だったら**小学生のうちに覚えてしまいましょう。**

二つある音読みは、代表音読みから覚える

1年生と2年生の教科書巻末の「これまでに習った漢字一覧」は訓読みでも検索できるようになっていますが、東京書籍以外の4社の教科書は、**3年生の巻末から全て音読み順、**つまり常用漢字表に合わせた並びになっています。その中で、**音読みを二つもつものはどちらかしか載っていません。**それを知らないと一覧表の中から探せません。

音読みが二つある漢字のうち、一方が特別な読み方や限定的に使われる読み方の場合は、よく使われる読み方が「代表音読み」になります。

しかし、どちらもよく使われる読み方の場合は、どちらが「代表音読み」なのかわかりません。次のような漢字はどうでしょう？（先頭の読みが代表音読みです。）

正（セイ、ショウ）　西（セイ、サイ）　日（ニチ、ジツ）　人（ジン、ニン）

地（チ、ジ）　木（ボク、モク）　大（ダイ、タイ）　楽（ガク、ラク）

分（ブン、フン）　無（ム、ブ）　省（セイ、ショウ）　興（コウ、キョウ）

どんな基準で代表音読みが選ばれているのかさっぱりわかりません。音読みには呉音と漢音がありますが、その区別でもなさそうです。とにかく一覧表のどこに入っているのかを知らないと探せません。小学校で習う漢字で、主な音読みが二つあるものは79個あります。それらを「漢字のタイトル」で先頭にもってくる工夫をしました。

「正」……正方形のセイ、正月のショウ、ただ―しい

「木」……大木のボク、木曜日のモク、き

「去」……去年のキョ、過去のコ、さ―る

「便」……便利のベン、郵便のビン、たよ―り

「省」……反省のセイ、省略のショウ、はぶ―く

「興」……興奮のコウ、興味のキョウ、〈おこ―る〉

これから先の学習を考えると、**二つ覚えなくてはいけない読み方、どちらの読みが一覧表に組み込まれているのかなどの配慮をしながら覚えていくのは効率のいい学習の仕方**だと思います。

教科書に惑わされてはいけない

「読みの指導」でもう一つ留意しておかなくてはいけないことがあります。

現在の検定教科書は5社あります。三省堂以外は、1年生から単元教材に使われている言葉で漢字を学ぶ指導が行われます。その時の読みは一種類です。低学年で訓読みが先に登場して、後の学年になって追加の音読みが登場する場合が多いのです。また、読み方の登場学年は教科書会社によって違っています。

先生たちは教科書の単元に登場する読みが最優先です。それ以外の読み方を教えてはいけないと信じているようです。その結果、どういうことが起きるかというのは第5章122頁で述べました。

私がおかしいなあと思ったのは、各学年で使う市販の漢字ドリルには○○教科書準拠となっていても、小学校で習う全ての読み方が載っていることです。教科書と漢字ドリルは読みの提示の仕方が違うのです。

この違いは、漢字ドリルは作成上、配当が決まっている新出漢字をその学年ドリルに載せるのが精一杯で、学年を越えて追加される読みを漢字ドリルに十分に反映させられないから、新出漢字の時に全て載せているのです。

小学校の教育漢字は、各学年ごとに配当漢字が決まっていますが、読み方まで文部科学省は学年を指定していません。常用漢字表が改訂されるたびに文部科学省から通知される『音訓の小・中・高等学校段階別割り振り表』という文書があります。この文書によって、小学校6年間でこの読み方を教えなさい、中学校や高校ではこの読み方ですよ、と全国に周知しています。しかし気にしているのは教科書会社の教科書編集の人だけで、学校の先生はほとんど知りません。つまり、**教科書に載っている読み方は、各教科書会社が採用する単元の文章に合わせて、この学年でこの読みを教えましょうと言っているだけ**なのです。それに惑わされることはありません。**一生懸命書けるように練習した新出漢字の時に、この先必要となる音読み・訓読みを同時に覚える方が絶対によい**のです。

この先、中学・高校で習う漢字をみすえよう

「中学校の各学年で習う字は決まっているんですか？　高校ではどんな漢字を習うんですか？」という質問をよく受けます。**「高校では新しい漢字は登場しません。中学校までに全ての常用漢字が出ます。」**と答えると、多くの人が驚きます。

中学校では、２１３６字（常用漢字）－１００６字（教育漢字）＝１１３０字が出されます。**中１・中２・中３の学年配当は決まっていないので、教科書会社によって１１３０字が登場する順番はバラバラ**です。

また、１学年で３００～４４０字という大量の漢字を習います。しかし、教科書単元に登場しない漢字があるのは小学校と同じで、単元教材の間の「漢字の広場」のようなページでたくさんの新出漢字が出てきます。しかし、それでも追いつきません。驚くべきこと

に、中学3年の教科書巻末に、「常用漢字一覧」が一挙掲載されて、「はい、これで全部登場させましたよ！」とアピールしているかのようです。こんなにたくさん出されて中学生は大変なのです。救いは中学校修了段階では常用漢字全ての読み書きを完璧にしなさいとは言っていないことです。

では、高校はどうでしょうか？ 新しい漢字は登場しません。その代わり、日常的にあまり使われない読みが追加になるだけです。それよりも中学校までに出た常用漢字の読み書きや使い方に精通しましょうということなのです。

以上のような**「漢字の読み」の全体像を知っておくと、子どもたちへの働きかけ方、指導の仕方が変わってくる**と思うのですが、いかがでしょうか？

何度も言いますが、書けるようになる以前に、読めるようになることがとても大切なのです。漢字の読みは日々の生活の中で経験的に培われることも多いですが、その**読み指導の重要性を考慮せずに、書きだけに重点をおくと、読む力をつけられない子たちがかなりいる**ことを先生たちに自覚してほしいのです。

第6章

読み書きが苦手な子どもへの指導ポイント

　第２章に書いた指導の手立てをよく考え、見方や方針が定まってから実際の指導が始まります。それでも難しさがいっぱいあるでしょう。ゆっくりじっくり向き合って取り組んでください。何よりも大事なのは、「楽しい」と思わせること、「できた」を少しずつ増やしていくこと。そのためには積み上げていく道筋をしっかりとらえることです。漢字全体のしくみ（第４・５章）を知った上で、その子に合った柔軟な指導を心がけましょう。

最初のポイントは「カタカナ」の導入

カタカナが書けるかを確認しましょう。その中で次のようなことを知ることができます。
①**縦線・横線・ななめ線の向きは理解できているか。**
②**各線のスタート位置がわかって、そこから書き始められるか。**
③**各線の長さをコントロールできているか。**
この三つが漢字を書くための基本です。つまり、**空間認知と手指の巧緻性**です。縦横の線は曲がったり下がったりしないで書けること、ななめ線はどこからスタートしてどちらの向きに伸ばすかの確認とコントロールができなければいけません。これらが極端にできなければ、なんらかの障害を考慮に入れた指導も必要になってくるでしょう。

次のようなカタカナは、混乱する字です。**向き・長さ・交点・つながりなどをしっかり**

と確認し、正しく書けるように練習しましょう。

■「ツ・シ、マ・ア、ク・ケ」などの区別

■「オ・ネ」などのスタート地点と線の向き

■「ソ・ハ・ミ」などの点の向きと数

私は、カタカナの導入時期は、ひらがなと同時並行で行われるべきだと常々思っています。教科書ではひらがなが夏までに、カタカナは9月から始めて1月頃にやっと終えるようですが、カタカナが夏休み明けというのが問題だと思います。小学1年生はみんな1学期の間はピカピカ気分で頑張りますが、夏休み明けは学習にだらける子が出やすいからです。さらに、9月からは漢字も習い始めます。漢字にはカタカナがたくさん使われています。カタカナと関連付ければとても学びやすいのに、それが活用できません。

ひらがなを終えてからカタカナの導入という定番の順番は変えられないにしても、せめて**漢字学習の前にカタカナを終えるべき**です。その辺りのカリキュラムは柔軟に組み変えられるはずですし、この先の長い漢字学習を考えると、それくらいの英断は下してもよいのです。どうしても無理な場合は、漢字に使われるカタカナは決まっていますので、そのカタカナだけは先に導入してください。（第4章96頁参照）

書き順は、初登場の基本漢字と部品の中でおさえる

1年生の漢字には、基本漢字が42個登場します。（第4章94頁参照）簡単な字ばかりで、それ以後も多くの字に使われます。この段階できちんと書き順通りに書く習慣をつけることは大切です。しかし、「書いて覚えればよい」と放っておくわけにはいかない子がいます。**漢字を画像としてとらえてしまう子たち**です。

例えば、漢字のいたるところに使われている「口」。これを一筆書きに書く子がいます。スタート地点はバラバラで、四角い図形になっていればよいと思っているようです。それを、「口」＝「たて、かぎ、そことじ」と唱えさせ、図形と筆順は違うことを意識させてから書かせると書き順通りに書けるようになります。そこから「日、目、くにがまえ」などにつなげられます。

ほかにも「黒、車」などは視覚的に見ると「田、土」「十、田、十」と認識してしまうかもしれません。それを「まん中をつき通すたてぼう」と言わせることによって、つながった一画で書くのだと意識付けられます。「火、小、赤」などの点が並んでいるように思う部分も特別な書き順です。それらを手本を見て書き写すだけでは、目に入ったところから好きなように書いてしまいます。何回注意してもなかなか伝わらないし、くせになってしまってからでは直りません。それを**自らの言葉で意識的に順を追って言えれば、おかしなくせがつく前に覚えられます。**

後々まで大きな影響を及ぼすような基本漢字の書き順はしっかりマスターさせましょう。

まずは子どもたちに書き順を唱えさせてみてください。きっとその通りに書きます。

しかし、**指導上大目に見てもらいたいもの**もあります。「青」の上の書き順が定着しなかったり、下の「月」の左たてぼうは流しません、「月」とは違うと言われても、子どもたちには「月」にしか見えません。また、「左・右」の書き順の違いもこだわります。それもなかなか区別がつきません。違う字には見えませんから、第2ステージの指導として緩やかな指導をしてもらいたいと思います。もしどうしてもというならば、「青」＝「一・たて・二、ながさない月」「右」＝「ノ一口」と何回も唱えてから書かせてください。

初登場の部品は名前と形をおさえる

まずは、3年生までに登場する部品をしっかり覚えます。（第4章94・95頁参照）

1年生の「なべぶた」は、「ホントだ！ ナベのフタだ！」ととっても喜んでくれます。「ひとやね（人）・ひとあし（儿）・どうがまえ（冂）」も体を使って表現してあげると一発で覚えます。3年生の「商」は難しい漢字です。唱え方は「立つの下がどうがまえ、ル、口」ですが、口で言うだけではイメージしにくい。そこですくっと立ち上がって、「立つの下がどうがまえ」と言いながら、直立から両足をがばっと広げてがに股の形をとる。次に股の間に「ル、口」と手で入れていく動作をする。こんな体を使った工夫をしてみてください。笑いこけます。**子どもたちには「楽しさとパフォーマンス」を取り入れた指導がよく効きます。**

2年で37個、3年で33個の部品が登場します。画数が少ないので、ここは書いて覚えさせ、「しんにょう（⻌）・ふるとり（隹）・ぶた（豕）」などの書き順や形をしっかりおさえます。そして、書けるようになったらその名前を覚えます。**新しい漢字が登場するたびに部品の形や本数などを確認していたら大変です。名前を覚えることによって、「ああ、あれだね」と過去に書けるようになった部分を思い出せば、簡単に書けます。**

ここで、漢字が苦手な子、低学年の漢字があやしい子への指導法をまとめてみます。

①カタカナを先に導入し、書けるようにする。

②1年・2年の基本漢字は、書き順通りに正確に形良く書けるようにする。

③3年までの部品（部首と独自部品）を書けるようにして名前も覚える。

④2年・3年などの漢字で、部品で組み合わさっているものを、「カタカナ＋基本漢字＋部品」の組み合わせで、**自ら大きな声を出して繰り返し唱える。よどみなく早く言えれば頭の中にはっきりイメージできている。それを1回だけ書いて再現できれば終わり**です。

このように指導していくと、1年生の漢字を覚え、2年生の漢字をやっていくうちに、このやり方なら書けると感じて、意欲的に取り組んでくれるようになります。**そこまでの道筋にしっかり付き合ってあげることが大切**です。

取り組みやすい字から覚えていく

学校の先生は、教科書通りの順で学習しなければならないとか、1年漢字を終えてから2年漢字を、そして3年漢字へ進めなければならない。そういう手順にとらわれすぎていると感じています。

漢字は先取り学習が可能な分野で、教科書通りに進めなければいけないものではありません。ましてや、単元と同じペースに合わせる必要もありません。興味・関心が高ければ、どんどん先に進んでいいのです。逆に漢字習得が遅い子には、単元の漢字にふりがなを振って対応すればよいことです。

1年生の80字は簡単な基本的な漢字が多いので、漢字の導入としてしっかりとおさえた方がよいと思いますが、2年漢字になると急に難しくなります。

こんな場面がありました。漢字が苦手な子が、2年漢字に使われているいくつかの部品を時間をかけてやっと覚えました。担任は私の「低学年の基本漢字と部品だけはしっかり覚えた方がよい」というアドバイスを受けて、2年漢字に登場する部品だけをひたすら練習させていました。2年生の基本漢字の中に「馬・鳥」という難しい漢字があります。それも毎日練習させていて、覚えた部品を使った漢字に一向に進もうとしないのです。難しい「馬・鳥」をいくら練習しても増やしてあげられる漢字は「駅・鳴」だけです。そんなものはもっと後回しにすればよいと思います。**学年にとらわれずに簡単な字から増やしてあげてください。**

例えば、「ひとやね（𠆢）」を覚えたら、カタカナを合わせて「今、会、茶、令、余」が書けます。「余」は5年漢字です。「すごいね～、5年生の漢字も書けちゃったね！」とほめれば有頂天です。また、簡単な基本漢字と組み合わせれば、「金、合、谷、答、全、拾、念、給、冷、舎」など、どんどん増やしていけます。その子の生活の中でなじみがなさそうな字は、おもしろいストーリーを考えてあげると入りやすいです。

覚えた部品から、簡単なものを組み合わせて漢字を増やしてあげる。それを少しずつ積み上げていくと、書ける喜びが生まれ、新たな部品を覚える意欲も湧きます。

第7章

「混乱・迷い」を正す覚え方の具体例

　子どもたちは頑張って覚えようとしています。しかし、よく混乱し迷います。それをすっきりと整理してあげる方法をたくさん見つけました。その場しのぎの方法ではありません。漢字の成り立ち、構成の関連やおもしろさに注目したからこそ考えられたものばかりです。

　子どもたちは興味・関心さえもてば、どんどん学びの世界を広げ、探求していきます。どの子にも可能性はあります。その力を信じて伸ばしてあげましょう。その第一歩が漢字なのです。

しきがまえとほこがまえの形と区別

小学校の漢字の中で、最も難しく混乱するのが「しきがまえ」と「ほこがまえ」が使われている漢字です。子どもたちの頭の中はごちゃごちゃです。画数も多く、1字を完成させるのに苦労します。さらに、書き順の話をしても定着しない……と、指導に苦労していることでしょう。そこで口で唱えて教える方法を紹介します。

この二つの部首は3年生で初めて登場します。

「しきがまえ」は「式・代」で、「ほこがまえ」は「感」で習います。この時に二つの部首の違いや書き順をしっかりインプットすることが大事です。線や点を目で追いながら何回書いても覚えられず、「ノ」が付いているのだか付かなかったのか、子どもたちは混乱しています。そこで次のような言い方で教えてみてください。子どもたちは大盛り上がりです。

「しきがまえ（弋）」は、「一、シュー ッピン、点」

「ほこがまえ（戈）」は「一、シュー ッピン、ノ、点」

ていねいに言うと、「一（いち）、右斜め下にシュー ッと伸ばしてハネ、（そこに「ノ」）、右上に点」本当はこんな言い方が正確でしょう。しかし長すぎます。場所や方向にこだわりすぎです。だから、形を見ながら「一、シュー ッピン、（ノ）、点」と言えばおもしろがって大声で唱えてくれます。ここでの「ピン」は大事です。はねないとバツです。「シュー ッピン、ノ、点」のセット感も大事です。「ピン、（ノ）、点」のどれが抜けてもダメ。これがセットで唱えられれば、「はね」も「ノ」も「点」も忘れません。

そして大事なのは、「ノ」がないのが「しきがまえ」、「ノ」があるのが「ほこがまえ」と、「ノ」の有無を部首の名前で区別することです。子どもたちにとってはとても悩む字群です。「ノ」を付けるんだったっけ？（しきがまえとほこがまえの言葉で区別すればいいのです。）点がほしいんだっけ？（セットだから当然必要です。）

しきがまえを使った字は「式（試）、代（貸）」だけです。この数の少なさも、ほこがまえを使う字の多さと比べて確認しておきたい重要なポイントです。

ほこがまえの書き順

4年生から「ほこがまえ」の漢字が山のように登場してきます。その種類の多さ、複雑な形、書き順の難しさに子どもたちは大混乱です。

まずは、書き順をチェックしてみましょう。

「ほこがまえ」「しきがまえ」という部首は第4章111頁で紹介したように、一気に書き上げるものではありません。「二」を書いた後に、左下に入る部品を書いてから、残りの「シューッピッ、(ノ)、点」を書いて完成します。ですから、子どもたちにはこう言って覚えさせます。ほこがまえを使う字は「一、な～んか、シューッピッ、ノ、点」。しきがまえを使う字は「一、な～んか、シューッピッ、点」。「二」の後に「な～んか」を挿入することが大事な書き順です。これを唱えさせると、子どもたちはおもしろがってあっという間に覚えてくれます。そして、難しそうに思える字が得意な字群になります。

4年生で登場する「機械」も問題ありません。

「機」＝きへん、いとがしら(幺)二つ、ほこがまえ、人

「械」＝きへん、ほこがまえ、にじゅうあし(廾)　これだけで完成です！

「な〜んか」は、「人」であり、「にじゅうあし(廾)」です。でも、子どもたちはせっかく覚えた「シュ－ッピッ、ノ、点」を唱えたそうです。その場合は「だったら、こうしたら？」と誘います。「機」＝きへん、いとがしら(幺)二つ、ほこがまえ（ここで「二」だけを書く）、人、(心の中で) シュ－ッピッ、ノ、点。

この唱え方のもう一つの利点は、「機」のいとがしらの下に点を付け忘れないことです。もちろん「ハネ」も「ノ」も忘れません。画数は多いですが、子どもたちは得意気な顔をしてサッと書きます。

もう一つ、この字群の特徴的な書き順で、「感・成」などのような左にたれが付いているものがあります。この書き順は、日本人の半分が間違えていると言ってもよいでしょう。正解は1画目が「たれ」です。「二」ではありません。これらの字はこう言えばよいのです。「たれたほこ！」これで、誰でも「たれ（ノ）」から書き始めます。

ほこがまえの字がいっぱい

4年生以降、ほこがまえの漢字をたくさん習います。「ほこがまえ」は武器のほこで、そこから転じて「道具や仕組み、武器を持って何かをする」という意味になり、いろいろな字に使われています。また部首がほこがまえの分類に入らない字にも多く使われています。しかし、その成り立ちをみると、全て武器のほこに関係していることがわかりました。

3年生：感　　　4年生：機、械、成、戦、議、残、浅

5年生：識、職、織、減、銭、義、武※　6年生：我、城、盛、誠、蔵、臓、域、裁

「武」だけは、武器のほこの意味をもっているのに、「ノ」がありません。これは要注意です。「ノ」が横線の左上の短い横棒に移動したのだと辞典の成り立ちに書いてあります。

一見するとほこがまえの字群はとてもややこしそうですが、次のように関連付けると覚

えやすいです。

【「たれたほこ」でまとめられる字群】「感・減、成・城・誠、蔵・臓」……「な〜んか」は、「感・減」は「二口」、「成」は「力の1画目」、「蔵」は「大臣の臣」と言えばいい。

【識・職・織、裁】ごんべん、みみへん、いとへんはいいにしても、右のつくりはややこしそうです。しかし、実は簡単です。「音」を横に伸ばしてほこがまえと合体。「裁」は、土を横に伸ばしてほこがまえと合体。子どもたちはロボット遊びの影響かこの「合体」という言葉がかなり好きです。「音・ほこ合体！」「土・ほこ合体！」でバッチリです。言葉のリズムから〝ほこがまえ・ほこづくり〟を〝ほこ〟と短く言っていますが、どちらの呼び方もあります。

【議・義】「ごんべん、ソ、王」の下の「我」がちょっとややこしい。全国の子どもたちが苦手な字です。「我」の形をよく見てください。これも合体型です。「ノ、てへん（扌）・ほこ合体！」簡単でしょ。一度だけこういう形を確認しておけば、次から「我（われ）」と言えます。

【残・浅・銭】このつくりは、元はほこがまえを縦に二つ並べたもの（戔）が変形したつくりなので、ほこがまえと関連づけたいです。「三本のほこ」で納得でしょう。

特別な書き順はほんの少し！

部品の組み合わせで言えなかったり、書き順の規則性に合わない字は、次の三つだけだと思っています。

①飛＝「風の2画目にノ点、たてぼう、ノ、立てたノ、風の2画目にノ点」
②必＝「まん中にソ、右はらいをはねて、左右に点点」
③衆＝「血（これはほとんどの子が書けます）、ノたて、左にノが二つ、ノ右はらい」

「衆」は、下の部分のまん中と右側は「はねない衣の下」です。「衣の下（𧘇）」は多くの漢字に使ってあり、この字もその部類だと思うのですが、書き順が分断されています。不可思議で許せないところですが、特別なものだとあきらめるしかありません。

また、3年漢字の「服」と「皮」は、たれと上の横ぼうの部分の書き順が逆で、なかなか定着しない書き順です。

服＝つきへん（月）、かぎまげはねて・たてぼう、また（又）

皮＝立てた「ノ」・「一」を下にはね、たて、また（又）

では、「劇」の書き順と唱え方はどうなるでしょう？

劇＝「上」のうえ（ト）・立てた「ノ」・「一」を下向きにはねて・「七」（とらがしら・虍）ぶた（豕）、りっとう（刂）

3年生で覚えた「皮」の書き方を6年生の「劇」で使い、そこからとらがしら（虍）が書ければ、中学校で登場するたくさんのとらがしらの漢字「虞、虐、虚、虎、虜、戯、膚、慮」は楽に覚えられます。その他にも「長、馬、臣、上」の書き順はどうでしょうか？私は一画目を横棒から書くのが癖で、未だに直せません。現在は縦棒が一画目です。

多くの大人たちは、昔習ったものと現在の書き順が違っていて驚くことが多いようです。**漢字の書き順は、学習指導上混乱しないように一種類を取り上げたもの**で、他の書き順も間違いではないという方針は、昭和三三年文部省発行の『筆順指導の手引き』から現在の『常用漢字表』まで一貫しています。**基本漢字の中で規則性を見つけて書けるようにした上で、漢字の部品に着目した方法で楽に書けるような指導を心がけてください。**

「しめすへん」と「ころもへん」

「しめすへん」と「ころもへん」は、子どもから大人まで、点を付けるのかいらないのか?と迷う漢字です。しかし次のことを知ればすぐに迷いがなくなるでしょう。

「ネ」（しめすへん）、つまり「示」が偏になったものです。子どもたちはこの形を見て「ネへん」とよく言います。「しめすへん」の言葉が出てきません。

「ネ」（ころもへん）は、「衣」が偏になったものです。しかし、どちらがどの名前か、ついわからなくなってしまいます。

そこで、「示」と「衣」を早書きして崩した文字にしてみてください。点が一つ多くなるのが「ころもへん」であることがわかるはずです。

この二つは基となる字がはっきりしているので、成り立ちを理解すれば区別ができます。

「示」は神様にお供え物をする台、つまり祭壇を表したものです。だから、「ネ」（しめすへん）は神様に関係があって、ありがたい字のオンパレードなのです。

小学校で習う「社、神、礼、福、祝、祖、視」。ほら、「祖先」も「視力」も実にありがたいのです！

「示」そのものがついた字に「祭、察、際、票、標、宗、禁」があります。これらもきっとありがたい字なのでしょう。いや、待てよ。「禁」はありがたいのかな？

「禁」＝神社のまわりに木を植えて林で囲い、ここから中は神様がいる土地なので、勝手に入ってはいけませんという意味です。やはりありがたい字でした。神様がいる神聖な場所に無断進入することは禁止なのです。

中学校で習う字には、「祈、祉、禅、祥、禍」があります。やはりありがたそうです。

「祈」＝右のおのづくりは斧で今にも切ろうとしているところ。祭壇と合わせて、めざすところに近づこうとして神に祈ることを表しています。

「祉」＝止まると祭壇を合わせて、恵みをもたらす神がそこにとどまること。「福祉」という熟語はものすごくありがたい字なんですね。

「禅」＝「単」は平らなうちわ。平らな土の段の上で神をまつる儀式をする。だから

「座禅」の修業なんですね。

あれ？「禍（わざわい）」は不吉ではありませんか？

「禍」＝右は骨の関節のくぼんだ穴で、神のたたりを受けて、落とし穴にはまること。

なるほど！ ありがたくはないですが、神様のお叱りを受けていることなんですね。

人名にもよくしめすへんが使われています。とてもありがたく幸せになる字です。

「祥」＝祭壇に丸々と太った羊を捧げて、神の恵みを受けられる。

「祐」＝神や天の助けがあるということ。

「禎」＝神のご加護を真っ直ぐに受けること。とても喜ばしい字です。

しかし、人名に「裕」がよく使われていますが、よく見るとこれはころもへんです。いつも点がほしいのかどうか迷ってしまいます。そこで成り立ちを調べてみました。

「裕」＝「谷」はくぼんであいている穴。それに「衣」を合わせて、着物がゆったりとしていて、体との間にすき間やゆとりがあること。だから、お金に十分にゆとりがある、ありあまっている「裕福、余裕」に使われているのですね。

裕福の「裕」は点が一つ多い「ころもへん」、もう間違えません！

では「ころもへん」の字はどうでしょう。もちろん着物や衣服を表し、小学校では「初、複、補」の三つしか登場しません。中学校では、「襟、袖、裾、被、褐、裸」が登場します。これらは全て衣服に関係しています。常用漢字表以外にもたくさんあります。「衿（えり）、袂（たもと）、裃（かみしも）、袈裟（けさ）、袴（はかま）……」

しかし、小学校の三つは衣に関係しているのか、ちょっとわかりにくいですね。

「初」＝着物を作るためには、まず刃物で布を切ることから、「はじめ」を意味する。

「複」＝右は、真ん中がふくれた入れ物と足を合わせて「上下に重なる」という意味。衣と合わせて、元は合わせの着物を表していたが、「重ねる」という意味になった。

「補」＝右は、平らな苗を育てる苗代で「薄く平らにくっつく」という意味。衣と合わせて、布を平らにして、破れたところにぴたりと当ててくっつけること。

だから、「補欠、補給」など「おぎなう」という意味になるのですね。

「複、補」は子どもたちに成り立ちを説明しても難しいので、「ころもへんを使った字は三つだけ。あとは全て神様の祭壇のしめすへんでありがたいんだよ！　だから、点は付けないんだよ。神様に失礼だよ！」などと話しておくと、もう間違えません、迷いません。

ひつじ

古来より羊は人間の生活に深い関わりがある動物でした。そのため、「羊」を使った字はとても多くあります。そして、線の数や突き出るか出ないかなど間違いが多い字でもあり、それをすっきり整理してあげたい字群です。

子どもたちのよく間違える字が4年生の「達」です。3年生で「幸」を習っているので混乱しやすいようです。「幸・しんにょう」と書いている子が本当に多い。だから、こう言えばいいのです。「達」＝「土、羊、しんにょう」

「羊」は日本人ならほとんどの人が書けます。横線が二本だと何だか「ひつじ」に見えない。縦線が突き出していると「半」に見える。「羊」も「半」も日本人なら容易に区別できます。しかし、他のものと組み合わさっていると、横線が多く思えてごちゃごちゃするのでしょう。だから、まとまりを言葉で覚えるのがよいのです。

「羊」は「ソ、三、突き出ないたてぼう」。これだけを何回か練習してインプットしておく。そして、「土、羊、しんにょう」と言えれば、「達」は完璧に書けるようになります。

では、「幸」はどうやって覚えましょうか。「土、羊の一本なし」と私は考えました。苦肉の策ですが、「羊」は誰でも正確に書けます。だから、羊から一本少ない「ひつじの一本なし！」なのです。これで子どもたちはすっきり！　しかも、「羊の一本なし」を使った字は、二つしかありません。「南」と「幸」この二つを覚えておけば、関連する他の字は全て書けます。常用漢字の中で「南」を使った字は、「献」だけ。「幸」を使った字は、「報、執、摯」の三つだけなのです。

だから、残る字はみんな三本線の「羊」！

一目で「羊」とわかる字＝「洋、群」（小学校）、「詳、鮮、遅、祥」（中学校）。

でも、こんなところに「羊」が隠れている字があります。「業、善」（小学校）この二つは、子どもたちが書けない代表的な字です。では、こうやって覚えましょう。

3年「業」＝短いたて二本はさんで「ソ」、「一」、「羊」、左はらい、右はらい
6年「善」＝羊、ソ、一、口

これを唱えればバッチリ！　もう線の数で間違えません！

また、ひつじの部首の形は、「羊」だけではありません。下に出ない「⺷」も同じ部首なのです。ほとんどの人は知りませんが、羊の意味をちゃんともっています。

「美」＝ひつじは大きい方がよい。だから美しいのです。

「養」＝ひつじを食べると栄養になるのです。

うまくできてるでしょ。だから、「⺷」もちゃんとしたひつじ。「下に出ないひつじ」と教えて言葉で区別しておけばよい。そして、「⺷」を使った字はたくさんあります。

「着、差、議、義」（小学校）、「羞、羨、犠、窯」（中学校）は全部「下に出ないひつじ」。

「様」は3年生で習いますが、覚えるのに一苦労する字です。上を突き出していたり、横線が二本だったり……。おまけに上の「⺷」と下の「したみず（氺）」を完全に分離して書いている子もいます。そこで、「きへん、ひつじ、したみず合体！」という唱え方で、立派な「様」を書けるようになります。

ちなみに、「したみず」は「氺」という正式な部首。形からも覚えやすい名前です。

「緑、録、求、救、球、様、康、暴」（小学校）、「泰、爆、藤、逮、膝、漆」（中学校）などたくさん登場します。

「宮」と「官」

この二つの漢字、小学生は実によく間違えます！「宮（宮殿のキュウ、みや）」は3年生で習い、「官（警察官のカン）」は4年生で習いますが、3年生では「宮」とともに「館（図書館のカン、やかた）」も登場するので、うかんむりの下の字を間違えやすいのです。

そこで、混乱している子たちに、この二つの意味の違いについて漢字の成り立ちを紹介しましょう。なるほど～！と思わせて強くインプットすればすぐに直ります。

「宮」＝「宮殿のキュウ、みや」は、家を表すうかんむりに「ロノロ（くち、の、くち）」と書くんだよ。大きな部屋が廊下でつながっているように見えるでしょ。だから、宮殿とかお宮さんとか豪華な建物に使われているんだよ。「ロノロ（くち、の、くち）」って覚えてね。「ノ」の渡り廊下が大事なんだよ！（「風呂の口」と言ってもよいのですが、これは中学校で習う字なので、まだ早い。）

「官」＝「警察官のカン」は、うかんむりの下は物が積み重なっている様子。そこで働いている多くの人を表すんだって。だから、ビルの中にいると思えばいい（警察はタテ社会ですからね）。そこで、うかんむりの下の部分の書き方に注意！　これは、「ロノロ」って書いたらダメなんだよ。時々「ロ」を二つ書いて、このつなぎ目を微妙にたて線かノかわからないようにごまかして書いている人がいるけど、バツだからね！　だから「たてぼう、コ、コ」って覚えて！　書き順もこの通りでＯＫ！　なるほど〜！って感心しています。

「管」＝「水道管のカン、くだ」は、「官」にたけかんむりを乗せたものだよ。中が空いている竹を使って、くだにしたんだよね。「警察官のカン」と「水道管のカン、くだ」も子どもたちが混乱している字です。これで同じ「カン」でも、竹を使った「くだ」と、お役所の「カン」の区別がつきます。

「館」＝「図書館のカン、やかた」これも大きな建物を表す。だけど、広い敷地に渡り廊下でつながる宮殿ほどではなく、ビルのような一つの建物だね。しょくへん（飠）が付いているから、食事をする大きな建物を表しているらしいよ。くれぐれも、「ロノロ」って書いたらダメだからね！「たてぼう、コ、コ」って書くんだよ！

子どもたちは、「官」の「たてぼう、コ、コ」というのがすっかり気に入ったようです。「宮」と「官」のような微妙な間違いはとても多く、それをどうすっきりさせてあげるかを考えるのが楽しいし、教師の醍醐味だと思っている私としては、とても手応えのある指導でした。

「たてぼう、コ、コ」は、私が勝手に作った独自部品で、漢字辞典には載っていない部首です。しかし、これを作ったことにより、あとから多く登場する似た漢字を区別できるようになるのです。

「館、官、管、追、師」（小学校）　「棺、遣、帥、阜」（中学校）

ところが、「呂（ロノロ）」を使った字は、小学校で二つしか習いません。「宮」「営」だけです。中学校では「風呂の口」「僧侶のリョ」の二つだけ。こんなことも話してあげて、「宮」と「営」だけは「ロノロ」。あとは全部「たてぼう・ココ」！と印象づけてあげると、多くの子たちがすっきりした様子で、それまでの間違いが激減します。

衣の下と長いの下

「のうぎょう」の「のう」を、みなさんはスラスラと書けますか？　下の方で、ちょっと手が止まりませんか？　子どもたちはそこを本当によく間違えます。下の部品が「𧘇」だったか「𠄌」なのか、つまり「ノ」があるかないかで間違えるのです。しかし、この問題も部品に分けて口で言えるようになればスッキリ解決します。

「ころも＝衣」「ながい＝長」この二つはきっと誰でも書けます。

そこで「衣の下（𧘇）」という独自部品を作りました。この部品は、実に多く登場します。

2年生：「遠、園」

3年生：「表、旅」

5年生：「俵」

6年生：「裏、衆」

中学校：「哀、猿、壊、嬢、譲、醸、衰、衷、褒、還、環」

ほら、すごい数ですよね！ この下側が全て「衣の下(𧘇)」なのです。

あれ？「遠、園、衆、環、環」の下がはねませんね。これは「はねない衣の下」と覚えてください。しかし、はねていたって、はねていなくったって、同じ字に見えます。そんなことあまり気にしなくてよいのではありませんか。学校の先生が言えたことではありませんが、大人はこの部分がはねるかはねないかをあまり気にしていません。正確さを期して採点するならば、ほとんどの人が間違えています。これは第2ステージの話にしたらよいのではないでしょうか。まずは、基本の組み合わせを覚えることが先決です。

ただし、「衆」だけは、書き順に要注意です。(第7章160頁参照)

もう一つ、「裏」を書く時に、下は「衣だっけ？」と迷う人がかなりいます。それは、こう覚えればよいのです。

「裏」＝なべぶた、里、衣の下(𧘇)

もう大丈夫ですね。

さて、「ノ」がつかない形も区別しなければなりません。それを「長いの下（𧘇）」と覚えるとすっきりします。小学校では、「長いの下（𧘇）」は「長」の他に二つしか出てきません。「農」と「展」だけです。

「農」＝曲がる、がんだれ、二、長いの下（𧘇）

「展」＝しかばね（尸）、昔の上（龷）、長いの下（𧘇）

これで、冒頭の「農」はすっきりしたでしょう。「長」が付いた字は、「帳、張」がありますが、「長」そのものだから大丈夫です。それより、中学校で習う字に「長いの下（𧘇）」がたくさん出てきます「畏、喪、辱、唇、娠、振、震、濃」。

これらは「ノ」を付けるべきかどうか、迷ってしまいます。

しかし、三つ目からの「辱、唇、娠、振、震、濃」は全て「しんのたつ（辰）」です。これは正式な部首です。干支にも出てくる字ですが、小学生には難しいので、「長いの下（𧘇）」がよいのです。

「衣の下（𧘇）」と「長いの下（𧘇）」は、よく知っている字を使ったよい区別の仕方だと思いませんか？これを思いついた時は、これで子どもたちの間違いを減らせる！と私自身も本当にスッキリしました。

たて、よこ、何本？

漢字を書くのがとても苦手な子どもたちは、線の組み合わせで覚えようとしています。「たて、たて、よこ、よこ、たて、ななめ……。」そんなことをつぶやきながら、何度も首を振ってお手本とノートを見比べ、やっと1字を完成させています。

漢字を線構成で覚えても、絶対に書けるようにはなりません！ 断言してもよいです！結局、線が何本あったのか、あいまいになって間違えてしまいます。テストでも線の数を増やしたり減らしたりして、見覚えのある形を探そうとしています。そんな方法で何度も書いて覚えようとするのは無駄な努力なのです。

そこで、よい方法があります。縦線と横線の構成で込み入った字、それらをすっきりさせてあげましょう！

子どもたちは、次の三つの部品がごちゃごちゃになっています。

「龶」さあ、何と言いましょうか。⇓「青（あお）の上」

「龷」これはどうでしょう。⇓「昔（むかし）の上」

「𡗗」これは難しいかな？ 3年生ですでに書けるようになっています。⇓「寒いの中」

大人だったら「構えるの右上」と言ってもよいでしょう。

これら三つの部品にある縦線・横線の本数で混乱しているのを、代表的な漢字の言葉で区別すれば、子どもたちは書けるようになります。


【青の上（龶）】

日本人だったら誰でも「青」は書けます。1年生で習う字です。書き順をここできっちり押さえておきましょう。「よこ、たて、二」ここだけはしっかり書いて覚えます。そうしたら、その後は全て「青（あお）の上」で書けてしまうのです。しかも、「青の上」を使った字はたくさんあります。どれくらい思い出せますか？
「生、麦、表、責、積、績、害、毒、潔、素、俵、割、憲」（小学校）
「轄、喫、契、債、漬、請、麺」（中学校：小学校で習う字がそのまま使ってあるだけ）

【昔の上（龷）】

書き順は「一、たてたて、一」。3年生の字ですが、2年生ですでに「黄」で登場しています。しかし、「き」は音読みで同音漢字が多く、すぐに浮かびにくい。そこで「むかし」と言えば、誰でもすぐに「昔」を思い浮かべてくれます。この字もほとんどの人が読めて、書けます。だから、「昔（むかし）の上」がよいのです。

「昔の上」を使ってある字も、実にたくさんあります。

「黄、横、港、共、散、借、選、満、備、暴、異、供、展」（小学校）

「錯、惜、籍、措、恭、洪、殿、爆、翼、戴」（中学校：これも小学校で習う字が多い）

【寒いの中（龷）】

書き順は、「一、たてたて、二」。難しそうに見えるけど、3年生は必死に練習して、だいたいが「寒」を書けるようになり、高学年ではみんなが書けます。生活によく使う字だからです。ところが、他の字になると何本だったか迷ってしまう人が多いようです。

「寒、構、講」（小学校：たったのこれだけ！）

「溝、購、塞、壌、嬢、譲、醸」（中学校：また小学校の字が登場）

「褒」は難しそうですが、「六、寒いの中、衣の下」で簡単にクリア。

子どもたちはこれらの字が、縦横線が何本もあって、ごちゃごちゃして、本当に苦手なのです。大人はその昔に何度も書いて覚えて、「手が覚えている」という言い方をしてもいいくらいです。しかし、パソコンを使うようになった現代、大人でも何本だったか迷っているのではないでしょうか?

今の子どもたちは書いて覚えるのが大嫌い。まじめじゃない、コツコツと地道な作業を避ける、繰り返しの単純作業を嫌がる。そんな子どもたちが多いような気がします。もちろんまじめでコツコツと努力する子もいますが、そんな子は漢字が得意と思っているから頑張るのです。漢字が苦手な子は、線がたくさんでごちゃごちゃしている、わかりにくい、面倒だ、そんなことを思いつつ書かされているから、悪循環にはまっていつまでも覚えきれないのです。

だったら、書かなくてもよいのです。「青、昔、寒」この三つだけ完璧に書ければ、その他の画数の多いごちゃごちゃした字も、この三つと関連付けて全部すっきり書けるようになります。まずは、口で言って、言葉で区別して、覚えてしまいましょう!

こんな部品も作っちゃいました

漢字を細かく見ていくと、「あら、こんなところにもあれが使われている！」と思うことが度々あります。これを何とか関連づけられないかなあ……と私は思いました。だから、誰も注目しないだろう正式な部首ではない部品に注目して漢字集めをしてみました。すると、実に多くの漢字に使われていたのです。これは使える！と思いました。

【したみず（氺）の両側＝冫く】

これが意外とよく出てきます。どこに出てくるか思い出せますか？　だいたいが「兆」なのですが、その他にもあります。

「楽、薬、兆、率」（小学校）　「渋、摂、塁、挑、眺、跳、逃、桃」（中学校）

【こんづくり（艮）の変形＝艮】

こんづくりは「根」の右。だけど、「ノ、シューッ」と伸ばせない部分に使われているので、「点」で止めています。この変化した部分を子どもたちはよく間違えるのです。

まず、2年生の「食」に続き3年生で「飲」が登場した時に、しょくへん（飠）がなぜ変化して「点で止める」になったかをしっかりインプットします（第4章105頁参照）。

そして、こんづくりも同じように変化することを関連付けましょう。3年の「根」が4年生の「節」につながり、高学年や中学校で何度も登場しますが、すっきりします。

「節、郷、朗」（小学校）　「慨、概、既、響、爵、即、郎、廊」（中学校）

【赤の下（小）】

「赤」の下の部分は1年生にとっては難しい字です。練習してやっと書けるようになります。昔は「亦（また）」という単独漢字を多く使っていましたが、今はひらがな表記で、表外漢字（常用漢字表以外）です。しかし、この「亦」を使った漢字がそれなりにあります。表外漢字なので使えませんが、誰もが書ける「赤」を使って、こう言ったらわかりやすいです。「亦」＝なべぶた、赤の下（小）

「変」（小学校）　「跡、蛮、恋、湾」（中学校）

【よこにち（罒）】

これもよく間違える部分です。平たい「ロ」の中が一本だったか、二本だったか？　そこで、「横にした日」ということで、「よこにち」。これで覚えればもう迷いません。

「勉、象、像、晩」（小学校）　「逸、免」（中学校）

【よこめ（罒）】

これは、「あみがしら」という正式な部首で、「買、置、罪、署」などがあります。上に付いているものは「かしら」という言葉があるのですぐに覚えられます。しかし、「徳」のように間に入っている部分はこの言葉だとピンときません。だから、「横にした目」で「よこめ」と名付けました。以前にどこかの漢字辞典で「よこめ」という部首名を見た気がするのですが、やはり専門家も上と中で区別したかったのかもしれません。

「徳、夢、憲」（小学校）　「壊、懐、聴、爵、寧、蔑、慢、漫」（中学校）

【立つの下がどうがまえ（冂）】

これもなかなかいいネーミングだと思っています。使われている字は限られているのですが、全てを口で説明できるようにしたいと考えていたので、こんな言い回しが浮かびました。中学校で、「帝」の「立つの下がわかんむり」というのも登場してきて、これと関連付ければすぐに覚えて区別できます。「立つの下がどうがまえ」の中が、「ルロ」（商）以外は全て「古」であることも押さえておきたいポイントです。

「商、適、敵」（小学校）　「嫡、摘、滴」（中学校）

【足の下（⻊）】

これも線のつながり具合をよく確認しないと間違えやすい部分です。1年生で「足」がちゃんと書けるようになれば、その後はいちいち確認する必要がありません。「一」とセットになっている字が多いので、「定のうかんむりなし」と言ってもよいのですが、それよりも「足の下」がすぐに思い浮かぶようなので、「一、足の下」と言えばOKです。

「走、題、定、提、従、縦、疑」（小学校）　「錠、綻、是、堤」（中学校）

【ソ・二・人（龹）】

自分の名前が佐藤や伊藤なのに「藤」を正確に書けない子がいます。三本線だったり、上を突き出さなかったり。だから、「ソ、ニ、上に突き出す人」と言えば、ちゃんと書けます。また、3年生で「勝」が書けても、5年生で「券」を習った後に混乱することがあります。下に何が入っているのか成り立ちを調べると、だからか！と納得して忘れません。

「勝、券、巻」（小学校）　「拳、謄、騰、藤、圏」（中学校）

【並の下（业）】

これも書きにくい形です。しかし、意外とあちこちに使われています。小学校の「業」だけでなく、中学校でもかなり出てきます。「並の下」と覚えればすっきりするでしょう。

「業、並」（小学校）　「普、譜、湿、顕、虚、戯、繊、僕、撲、霊」（中学校）

【上のうえ（⺊）】

細かいことですみません。「上」ですむところなのですが、これだけが乗っかっているものがかなりあるのです。それを「たて、よこ」と線で言うよりも「上のうえ」がイメージしやすくていいです。多くは「とらがしら（虍）」という部首で使われています。

「劇」（小学校）　「卓、悼、貞、偵、虞、虐、虎、虜、戯、膚、慮」（中学校）

【ノレ（𠂆）】

4年生までは「氏」を使えましたが、5年生で「貿」が出てきて困ってしまいました。そこで「貿」の左上を「ノ、レ、点」と表現しました。後で点のない字が登場してきた時に、点のあるなしで区別できました。

「紙、氏、低、底、貿、卯」（小学校）　「仰、迎、抑、柳、瑠」（中学校）

この他にも子どもたちの迷いを解消するような部品をたくさん作りました。

「ノ一（𠂉）」「ノ二（𠂉）」「五の一なし（五）」「年の下（㐄）」「立のたれ（产）」

微妙に間違える字もいっぱい

大人は中学校の漢字、つまり小学校以外の常用漢字で苦労しています。平成22年11月に改訂された常用漢字表に196字が追加されました。次のような字は書けますか？

「オレ」……男の人は書けないとね！「にんべん、おおきい」、ここまでは大丈夫ですね。しかし、右の下の部分が何だっけ、なんか書ける気がするけど、微妙だなあ……。「電」の下を書いて間違える人が多いのです。

だから、「申すの下まげはね（电）」これでどうですか。「俺」が書けたでしょ！

日本人のほとんどが「申す」は書けます。（小学3年で「申、神」を習う）「申す」と言えば絶対に上を突き出します。だから、「申すの下まげはね（电）」の言い方がよいのです。突き出すとインプットされた「申」を使っているからです。

「申」と「甲」の区別は誰もができますが、その下が曲がった字の区別は微妙です。

「甲（こう）」は中学で習う漢字で、「押、岬」の二つに使われているだけです。

「甲の下まげはね（乚）」は、小2で「電」、中学校で「竜、滝」。

「申（もうす）」は、小3で「神」、中学校で「伸、紳、挿、捜、痩」。

「申の下まげはね（乚）」は、中学校で「俺、亀、縄」。

では、「あみ」と「つな」、大丈夫ですか？　すぐに浮かんできますか？　書いて全体を見てみないと確信できないのではないでしょうか？

「網（あみ）」＝いとへん、どうがまえ、ソ一、亡くす
「綱（つな）」＝いとへん、どうがまえ、ソ一、山
この二つの漢字は、「亡」と「山」の違い。さて、これをどうインプットして覚えたらよいでしょう。成り立ちにちゃんと載っていました。共通部分の「どうがまえ、ソ一」は、「あみ」を描いた形。それに、動物の目をくらまして（亡）、獲物を捕るのが「網（あみ）」。丈夫なつなを編んで、がっちりした山のように作るのが「綱（つな）」。

目に焼き付けたはずの画像的雰囲気では処理しきれない微妙な間違いを、成り立ちに関係する言葉で区別し、納得して覚えれば楽しく学習できます。

思い出せない字も いっぱいあるよね

私はこの漢字調べに取り組んでから、書ける字が多くなりました。というより、思い出しやすくなったと言う方が当たっています。

例えば、「とちぎけん、ぎふけん」の字が苦手でした。「栃」の形がうまく書けずに、バランスが悪く、何度も線構成を確認しながら書いていました。そこで、口で言うために「栃」の構成を考えました。「きへん、ノ、たてたノ、万」そうか、「万」だ! そう思ってからは途中で手本を確認することなく一気に書き進み、格好良く書けるようになりました。

「ぎふ」も岐阜県の人には申し訳ないのですが、なかなか思い出せません。そこで、漢字を見て構成を口で言うと、「やま、じゅう・また」もしくは「やま、ささえる」、「追うのしんにょうなし、十」。なじみのない「阜」はこざとへん(阝)の元になる字で、「土を盛り上げた山や丘」という意味。中央アルプスの麓に広がる岐阜県は、山に支えられ、こんもり盛り上がった土地柄ですね。これで「岐阜」も迷わずに書けるようになりました。

「さいげつ、なんさい、ちとせ空港」に使われている「さい」。いつまでも書けなくて苦しんでいました。上から「止まる」とほこがまえ（戈）があるのは知っていました。しかし、その下に入っているのは何だったかなあ？ 横線が重なっている辺りがごちゃごちゃしていて、一気に書き進めません。いつも何かで調べないと書けません。そこでその構成を見て何回も口ずさんでみました。「止まる、たれたほこがまえ(戊)、一・小」これで「歳」が書けます。この「一・小」を「示」と混乱していたようです。

もう一つ、よく似た字の「しんせき」、書けますか？ これは「たれたほこがまえ(戊)、上・小」なのです。これで「親戚」も書けるようになります。

「かたわら」というのも、書けない字でした。それを「にんべん、立つの下がわかんむり、方」と覚えたら、迷わず書けるようになりました。ほら、「傍ら」。

ほとんどの人が書けない「鬱」もばっちりです。

「鬱」＝「林」の間に「缶（ノ二山）」、大きな「ワ」、米印（※）・うけばこ（凵）、「ヒ」、さんづくり（彡）

部品の意味から多くの漢字が結びつく

使われている基本漢字や部首の意味を知れば、その組み合わせに納得します。

「弓・矢」はよく使われています。狩りに必要な道具で、強いものの象徴なのでしょう。

「強」＝右の「ム・虫」は強い虫のカブトムシ。「ム」はカブトムシの角ですって！

「弱」＝強い弓が二つも使ってあるのになぜ弱いのでしょうか？ 弓に飾りの「冫」を付けて、戦いには使えない弱い弓を表しています。それを二つも並べて強調しているのです。

「豆」は、神様にお供え物を乗せる台の形、食べ物を盛る短い足のついた器。

「喜」＝「十、豆、口」神様にお供えする台の上にごちそうが山盛り。この山盛り状態を「十」で表しています。それを前にして神様はお喜びになり、おこぼれにあずかって口にする我らもまた「おいしいねえ」と喜ぶのです。

「のぎへん（禾）」は、イネやアワの穀物を表しています。「ノ」はたれ下がった稲の穂。「秋・科・和・種・積・利・秒・委・季」はどれもイネに関係する字ばかりです。

このような情報は漢字辞典に全て書いてあります。まさに知識の宝庫です。

気になった簡単な漢字や部首・部品の意味を調べると、それじゃこの意味も同じかな？と同じ部品を使ってある漢字が気になります。そして、なぜこの字にこの部品が使われているのだろうと考えたり、さらに調べたりしてみてください。すぐにわからなくても、ひも解いていく感じでたどり着くと、わくわく感が出て楽しくなります。

「たかが漢字、されど漢字！」漢字にはすばらしい奥深さがあります。今まで日本人だからと仕方なしに使っていた漢字も、見方を変えればとてもおもしろいものになります。漢字にこうした謎解きのようなしくみを見つけられた大人は、子どもたちにも謎解きのヒントを投げかけてあげられるでしょう。そんな大人が身近にいたら、子どもたちは絶対に漢字が好きになり、なかには漢字博士になる子もいるでしょう。

そのようにして、〝学ぶこと〟の本質を身に付けていくのです。

あとがき

私は今、全国を巡り歩くことに無上の喜びを感じています。「道村式漢字学習の話をしてほしい」と要望があれば、どこへでも出かけて行きます。そこで出会った先生たちに「唱えて覚えるこんな方法があります。そこにはちゃんとした根拠があります。」と具体例をたくさん盛り込んでたっぷり話します。先生たちは目からウロコが落ちたような驚きの表情で、まるで生徒になったように反応してくれます。また、各地で初めて出会う子たちに授業もします。たった45分間の出会いですが、どの子も活気づいて授業に臨んでくれます。ふと、「私って現役の時より授業が上手かも」と錯覚するほどです。特に、漢字が苦手そうな子を発見し、最後は「ボクもできそうだ！」という表情にさせるのが不思議とうまくいくのです。

これはどの先生にもできます。そのためには、まず自分が楽しいと感じ、子どもたちにもこの楽しさを知ってほしいと願うことから始まります。この手法を身に付けたら、先生たちの大きな力になるでしょう。そのためのお手伝いは何でもします。どうぞ気軽に声をかけていただき、私を活用してください。

二〇一七年五月　道村　静江

【著者紹介】

道村　静江（みちむら　しずえ）

1955年、福井県生まれ。
中学校理科教諭として、福井県立盲学校・横浜市立盲学校に通算18年、市立中学校に３年勤務。小学校教諭として、横浜市立盲学校に10年、市立小学校に４年勤務。この間に『視覚障害者の漢字学習』の冊子シリーズ、『道村式漢字カード』などを継続的に発行。2002年に「点字学習を支援する会」を設立して、視覚障害者用教材を提供し続けている。退職後、ユニバーサルデザインの学習法として『道村式漢字カード』を活用した漢字指導の改善・普及に力を入れ、全国各地で講演活動を行っている。

【著書】

『口で言えれば漢字は書ける！　～盲学校から発信した漢字学習法～』（2010年・小学館）

HP　http://tenji-sien.net（点字学習を支援する会＆道村式漢字学習）

特別支援教育サポートBOOKS
全員参加！全員熱中！大盛り上がりの指導術
読み書きが苦手な子もイキイキ
唱えて覚える漢字指導法

2017年７月初版第１刷刊　©著　者　道　村　静　江
2024年７月初版第９刷刊　発行者　藤　原　光　政
発行所　明治図書出版株式会社
http://www.meijitosho.co.jp
（企画）佐藤智恵（校正）川﨑満里菜
〒114-0023　東京都北区滝野川7-46-1
振替00160-5-151318　電話03(5907)6703
ご注文窓口　電話03(5907)6668

＊検印省略　組版所　藤原印刷株式会社

Printed in Japan　ISBN978-4-18-111719-1